Max Bolliger

Euer Bruder Franz

Euer Bruder Franz

Tatsachen und Geschichten
aus dem Leben des Franz von Assisi

Erzählt von Max Bolliger

Herder Freiburg · Basel · Wien

*Ausgezeichnet mit dem
Katholischen Kinderbuchpreis 1983*

Umschlagbild: Fra Norberto, Assisin

Dritte Auflage

Alle Rechte vorbehalten – Printed in Germany   *
© Verlag Herder Freiburg im Breisgau 1987
Herstellung: Freiburger Graphische Betriebe 1989
ISBN 3-451-20847-4

Im Jahr 1182 wird dem Kaufmann Pietro Bernardone in Assisi ein Sohn geboren.

Pietro Bernardone befindet sich in der Provence, in Frankreich, auf einer Geschäftsreise. Er handelt mit Stoffen, mit Tuch. Er ist reich und angesehen.

Die Mutter, Frau Pica, läßt das Kind nach der Geburt taufen. So ist es Sitte. Sie gibt ihm den Namen Giovanni.

Der heimgekehrte Vater freut sich über den Sohn. Es ist der erste. Ein Erbe!

Nur der Name Giovanni gefällt ihm nicht. Er tauft ihn um, nennt ihn Francesco, Franz. Das bedeutet «Franzose». Das scheint ihm vornehmer, bringt seine Begeisterung für Frankreich zum Ausdruck. Zu Hause wird neben italienisch auch französisch gesprochen.

Franz ist ein körperlich zartes, aber lebhaftes Kind.

Er wird von seinen Eltern behütet und verwöhnt.

In der Klosterschule San Giorgio lernt er lesen, schreiben und ein wenig Latein.

Das Stillsitzen und Lernen behagt ihm nicht sonderlich.

Viel lieber treibt er sich mit seinen Kameraden auf den Gassen herum.

Als junger Mann liebt er es aufzufallen, sich nach der neusten Mode zu kleiden.

Franz versteht sich auch auf das Saitenspiel, singt provenzalische Lieder und weiß Geschichten zu erzählen.

Nicht nur die Söhne anderer Kaufleute, sondern auch die jungen Adligen werben um die Freundschaft des kleinen Bernardone. Sie bewundern ihn, ahmen ihn nach.

Auf seine Kosten wird gegessen und getrunken, werden Feste gefeiert.

Die Mutter macht sich Sorgen. Franz kümmert sich wenig um ihre sanften Ermahnungen.

Franz wird seiner Streiche und seiner Verschwendungssucht wegen in Assisi berüchtigt.

Aber niemand ist dem Zwanzigjährigen ernstlich böse.
Seine Augen strahlen Wärme aus. Er ist höflich und auch
einfachen Menschen gegenüber anständig und hilfsbereit.
Noch nie hat einer seiner Freunde ein verletzendes Wort
von ihm gehört.

Der Vater läßt Franz gewähren. Er gibt ihm Taschengeld,
soviel er will. Auf den Schlössern in der Umgebung der
Stadt ist sein Sohn ein gern gesehener Gast. Das schmeichelt ihm. Die Beziehung zum Adel fördert sein Geschäft.

Franz zeigt Begabung für den Tuchhandel. Mit seinem
Sinn für das Schöne unterscheidet er schon als kleiner
Junge die billigen von den kostbaren Stoffen. Auch mit
den Kunden weiß er umzugehen. Der Vater ist stolz auf
ihn. Er wird in Franz einen würdigen Nachfolger haben.

Die erste Geschichte

Eines Tages arbeitete Franz im Tuchladen seines Vaters. Er war eben daran, einen reichen Kunden zu bedienen, als ein Bettler eintrat und ihn im Namen Gottes um ein Almosen bat.

«Siehst du denn nicht, daß ich jetzt keine Zeit für Bettler habe», fuhr Franz ihn an.

Aber kaum hatte sich der Arme davongemacht, taten Franz seine harten Worte leid.

Was hätte ich wohl getan, wenn er mich im Namen eines Barons oder Grafen gebeten hätte? dachte er. Sicher hätte ich ihm nicht die Tür gewiesen. Er aber hat mich im Namen Gottes, des Allerhöchsten, gebeten, und ich habe ihn fortgeschickt!

Beschämt und von Reue erfüllt, ließ er seinen Kunden stehen, eilte dem Bettler nach und schenkte ihm ein großes Geldstück.

Franz liebt seine Heimatstadt.

Eines der schönen Kaufhäuser, die sich um den Marktplatz drängen, ist sein Elternhaus. Er bewundert den Dom und den Glockenturm von San Rufino. Er kennt auch die engen Gassen, in denen die Armen wohnen.

Franz liebt den Sonnenuntergang vor den Mauern der Stadt, die Aussicht über die sanften Hänge voller Olivenhaine. An klaren Tagen sieht er im Norden die Hügel Perugias. Im Süden erkennt er die Mauern von Spoleto.

Assisi besitzt mehr Rechte als die andern Städte der Umgebung. Die Stadt verwaltet sich selbst, und ihre Bürger brauchen nur dem Papst Steuern zu entrichten.

Die Kaufleute und Handwerker haben sich zu Zünften zusammengeschlossen. Das macht sie stark. Sie weigern sich, den Adligen Weg- und Brückenzoll zu bezahlen.

Ein Adliger, der vor den Toren der Stadt wohnt, wird vertrieben, sein Schloß von Soldaten aus Assisi zerstört. Er flüchtet nach Perugia.

Zwischen den beiden Städten kommt es zum Streit.

Im Jahr 1202 ziehen zweitausend Mann aus Assisi in den Kampf gegen Perugia.

Unter ihnen ist auch der zwanzigjährige Franz Bernardone.

Assisi wird geschlagen.

Franz wird zusammen mit andern jungen Männern gefangengenommen.

Er erträgt die Gefangenschaft schlecht.

Ein Jahr später gelingt es dem Vater, seinen Sohn loszukaufen.

Krank und elend kehrt Franz nach Hause zurück.

Die Mutter erkennt ihn kaum wieder. Er ist dem Tode nahe.

Sie umsorgt ihn, pflegt ihn gesund.

Franz versucht, seine frühere Lebensweise wieder aufzunehmen, Spiele und Feste zu veranstalten, Possen zu reißen.

Es gelingt ihm nicht mehr. Je ausgelassener seine Kameraden feiern, um so einsamer fühlt er sich. Äußerlich macht er mit, sein Inneres schaut zu.

Franz ist von Unruhe erfüllt, sucht seinem Leben einen neuen Sinn zu geben.

Er möchte fort, fort von seinen Freunden und den besorgten Eltern.

Er entschließt sich, im Gefolge eines jungen Ritters nach Apulien zu ziehen, um dort mit den Truppen Walter von Biennes für Papst Innozenz den Dritten zu kämpfen.

Der Plan besänftigt seine innere Unruhe.

Die Wochen vor dem Aufbruch sind mit Vorbereitungen ausgefüllt.

Franz träumt von Ruhm und Ehre, fühlt sich schon zum Ritter geschlagen.

Der Vater ist einverstanden und spart nicht mit Geld. Sein Sohn ein Ritter! Das Pferd, das ihn tragen soll, ist kostbar, die Rüstung prunkvoll und teuer. Franz braucht sich vor seinen adligen Genossen nicht zu schämen. Er ahnt nichts von ihrer Eifersucht. Sie werden sich unterwegs an dem eitlen Gecken rächen.

Aber Franz gibt ihnen keine Gelegenheit dazu.

Einer plötzlichen Eingebung folgend, verschenkt er kurz vor der Abreise seine kostbare Rüstung einem verarmten Adligen und gibt sich selbst mit einer einfacheren zufrieden.

Der Tag des Aufbruchs ist für die jungen Krieger ein Fest.

Vor dem Stadttor nehmen sie Abschied von Freunden und Verwandten.

Der Bischof erteilt ihnen den Segen.

Doch schon drei Tage später kehrt Franz nach Assisi zurück.

Allein!

Die zweite Geschichte

In der Nacht, nachdem Franz seine kostbare Ausrüstung einem armen Edelmann verschenkt hatte, rief jemand im Traum seinen Namen. Dann wurde er in einen Palast geführt, der voll von Waffen war.

«Wem gehören all diese Waffen?» fragte Franz.

«Sie sind für dich und deine Freunde bestimmt», antwortete die Stimme.

Franz nahm den Traum als gutes Zeichen und brach voller Hoffnung und Freude auf.

Aber als er mit seinen Kameraden nach Spoleto kam, um dort zu übernachten, verfiel er plötzlich in tiefes Grübeln.

Im Halbschlaf hörte er zum zweitenmal eine Stimme.

«Wohin gedenkst du zu ziehen?» fragte sie ihn.

«In den Krieg nach Apulien», antwortete Franz.

Darauf fragte die Stimme:

«Wem willst du dienen, dem Herrn oder dem Knecht?»

«Dem Herrn!» gab Franz zur Antwort.

«Warum verläßt du denn um eines Knechtes willen den Herrn und wegen eines Armen den Reichen?»

Franz, der das rätselhafte Wort nicht verstand, fragte verwirrt:

«Was soll ich denn tun?»

«Kehre um!» sagte die Stimme.

Der Vater ist über die Rückkehr seines Sohnes enttäuscht und läßt es ihn spüren.

Die Mutter schweigt. Nur ihre Augen verraten, wie glücklich sie ist.

Die Kameraden wundern sich, hänseln ihn, wollen es aber mit dem großzügigen Veranstalter ihrer Feste nicht verderben.

Um den verärgerten Vater wieder versöhnlich zu stimmen, hilft Franz ihm bei der Arbeit im Geschäft. Dabei versucht er, sich seine Zukunft als Tuchhändler vorzustellen.

Angst erfüllt ihn, aber er weiß nicht wovor.

Er versteht sich selbst nicht mehr.

Er möchte allein sein, der engen Stadt entfliehen. Er sucht nach verborgenen Winkeln, verlassenen Olivenhainen und einsamen Felsgrotten.

Die Stille verwandelt ihn.

Von seinen vielen Kumpanen ist ihm nur einer geblieben.

Bombarone da Beviglie. Mit ihm spricht er über das, was ihn bewegt, über den Sinn des Lebens, über seine namenlose Sehnsucht. Auch Bambarone will der Leere eines ausschweifenden Lebens entfliehen.

Die Eltern spüren, wie Franz sich ihnen mehr und mehr entfremdet.

Die Mutter leidet stumm.

Der Vater drängt ihn, seine früheren Lebensgewohnheiten wieder aufzunehmen. Er beschenkt ihn mit Kleidern, steckt ihm Geld zu.

Auch die Kameraden versuchen, ihn mit Bitten und Vorwürfen in ihren Kreis zurückzulocken.

Hin und wieder gelingt es ihnen.

Franz lädt sie zum Essen ein.

Nachher ziehen sie durch die Stadt.
Sie kennen sich aus und wissen, wo die jungen Mädchen
wohnen.
Sie stellen sich unter die Fenster und Balkone ihrer Häuser
und Paläste.
Die Instrumente werden gestimmt.
Die Liebeslieder sind voller Sehnsucht.
Frohes Lachen erfüllt die dunklen Gassen.
Ist alles wieder wie früher?

Die dritte Geschichte

Als Franz mit seinen Kameraden singend durch die nächtliche Stadt zog, blieb er plötzlich hinter den andern zurück.

Auf einmal konnte er nicht mehr weiter singen, weder reden noch sich bewegen.

Eine große Süße und Zärtlichkeit erfüllte sein Herz.

Als die andern zu ihm zurückkehrten, fanden sie Franz in tiefes Sinnen versunken und in einen neuen Menschen verwandelt.

«Sicher hast du ein schönes Mädchen im Kopf, das du heiraten möchtest!» spotteten sie.

«Ja, wirklich», sagte Franz, «die Braut, die ich heimführen werde, ist edler, reicher und schöner, als ihr jemals eine gesehen habt.»

Die Kameraden lachten.

Sie ahnten nicht, daß Franz diese Worte nicht aus sich selbst, sondern aus göttlicher Eingebung gesagt hatte.

Franz beobachtet seine Umgebung plötzlich mit andern Augen. Er beginnt nachzudenken, stellt sich Fragen.

Auf dem Marktplatz ist er nur noch selten anzutreffen, dafür in den Gassen der Armen, der Lumpensammler, der Waschfrauen, der Totengräber.

Er hört ihren Gesprächen zu, sieht ihre Nöte, erfährt Dinge, von denen er bis jetzt keine Ahnung hatte.

Sie sprechen eine andere Sprache als die Reichen in den Palästen und Schlössern. Franz versucht, sie zu verstehen.

Auf seine Kleidung legt er keinen Wert mehr. Die Mädchen sind ihm gleichgültig geworden.

Die Freunde wenden sich von ihm ab. Nun ist es nicht mehr Franz, der sich vor ihnen versteckt, sondern sie sind es, die sich vor Begegnungen mit ihm fürchten.

Franz ist dreiundzwanzig Jahre alt.

Der Vater hat ihn zu seinem Nachfolger bestimmt. Noch immer entschuldigt er die Veränderung des Sohnes als Laune eines verwöhnten Jungen. Auch den Wunsch, mit Pilgern aus Assisi nach Rom zu ziehen, erfüllt er ihm. Die Reise wird ihn auf andere Gedanken bringen.

Mit den Pilgern bringt auch er in der Peterskirche Opfer dar.

Aber was ihn in Rom ergreift, sind nicht die großen reich geschmückten Kirchen, sondern vor ihren Toren die Hungrigen.

Wie mag es ihnen zumute sein?

Franz will es genau wissen.

Er zieht seine Kleider aus, tauscht sie mit denjenigen eines Bettlers.

An seiner Stelle setzt er sich zu den Armen auf den Petersplatz, bittet um ein Almosen, streckt den Reichen die offenen Hände hin.

Aus Furcht, von den andern Pilgern aus Assisi erkannt zu
werden, kauft er sich am Abend neue Kleider und kehrt in
seine Herberge zurück.
Er erinnert sich, wie er als Kind vor den Bettlern und
Aussätzigen davonlief, die Hände auf den Rücken versteckte, um nicht mit ihnen in Berührung zu kommen.
Nun weiß er, daß es ihm in Zukunft nicht mehr genügen
wird, mit den Verachteten Erbarmen zu haben.

Die vierte Geschichte

Während eines Spazierrittes in der Umgebung von Assisi begegnete Franz einem Aussätzigen. Sein Anblick erfüllte ihn mit solchem Ekel, daß er ihm schnell eine Münze zuwarf und weiterritt.

Auf einmal aber schämte er sich seines Ekels, stieg vom Pferd, nahm die Hand des Kranken und küßte sie.

Auch der Aussätzige gab Franz den Friedenskuß.

Einige Tage später erschien Franz mit einer Börse voller Geldstücke im Siechenhaus. Er verteilte sie und küßte dabei jedem Aussätzigen die Hand.

Ihre Dankbarkeit bewegte ihn.

Und als er davonging, spürte er wieder, wie sich etwas Bitteres in seinem Herzen in eine große Süße und Zärtlichkeit verwandelt hatte.

Zum Kummer seiner Eltern hat Franz nach seiner Rückkehr aus Rom noch immer keine Lust, sich mit Geschäften und Zahlen abzugeben. Die Armen brauchen ihn.

Nachbarn tragen dem Vater zu, wofür Franz sein Geld ausgibt. Willig hat Pietro Bernardone Gastmähler, Kleider und Kriegsausrüstungen bezahlt. Aber an die Armen will er es nicht verschwenden.

Er überhäuft den Sohn mit Vorwürfen.

Franz schweigt dazu.

Auch der Mutter gelingt es nicht mehr, die beiden Männer zu versöhnen.

Franz möchte fliehen. Immer öfter bleibt sein Platz am Tisch leer, sein Lager unbenutzt.

Schon gibt es Leute, die mit dem Finger auf ihn zeigen.

Eine Grotte in der Nähe Assisis wird sein Zufluchtsort.

Er denkt an Petrus Waldus, der sich von der Welt abgekehrt und einem einfachen Leben verschrieben hat. Der Vater hat von ihm erzählt. Könnte er nicht wie viele andere auch einer seiner Gefährten werden? Ein Waldenser? Sie nennen sich «die Armen von Lyon». Sie werden von der Kirche verfolgt. Sie verurteilen die vielen Bischöfe und Priester, die nur nach Geld und Macht streben.

Wie gerne würde Franz mit einem dieser Männer sprechen.

Außer bei Freund Bombarone findet er in Assisi bei niemandem Verständnis.

Seine Zukunft liegt im Dunkeln.

Er spürt in sich einen Auftrag. Aber er weiß ihm noch keinen Namen zu geben.

In einer kleinen, baufälligen Kirche vor den Toren der Stadt bekommt er zum erstenmal eine Antwort auf seine Fragen.

Die fünfte Geschichte

Als Franz eines Tages an der Kapelle San Damiano vorüberkam, spürte er den Wunsch einzutreten. Er kniete vor dem einfachen Altar nieder und fing vor dem Bild des Gekreuzigten an zu beten.

Da vernahm er vom Kreuz her eine gütige Stimme.

Sie sprach:

«Franz, siehst du denn nicht, wie mein Haus verfällt? Geh und stelle es wieder her!»

Franz staunte.

«Gern will ich es tun, Herr!» sagte er.

Von Freude erfüllt, trat er vor die Kirche hinaus.

Vor der Kirche saß Pietro, ein einfacher Priester, der in einer Hütte neben der Kirche wohnte und sie verwaltete.

Als Franz ihn erblickte, griff er nach seinem Geldbeutel und reichte ihn dem Mann.

Er dachte nichts anderes, als Jesus selbst habe ihm aufgetragen, die vom Verfall bedrohte Kapelle wieder aufzubauen.

«Nimm das Geld», sagte er, «kaufe Öl damit und sei besorgt, daß vor dem Kreuz immer eine Lampe brennt! Und wenn das Geld aufgebraucht ist, will ich dir wieder geben, soviel du dafür nötig hast.»

Franz ist erfüllt von dem, was er in San Damiano erlebt hat.

Jesus selbst hat zu ihm gesprochen, hat ihm eine Aufgabe erteilt.

Ohne Bedenken nimmt Franz aus dem Laden seines Vaters einen Ballen bunten Tuches und reitet damit nach Foligno.

Dort verkauft er nicht nur den Stoff, sondern auch das Pferd samt Sattel und Zaumzeug.

Mit dem Erlös kehrt er nach San Damiano zurück.

Der Priester erschrickt.

Treibt der Sohn des reichen Tuchhändlers seinen Spott mit ihm?

Er weigert sich, das viele Geld anzunehmen.

Franz bittet den Priester, bei ihm bleiben zu dürfen.

Nach anfänglichem Wehren gibt Pietro nach.

Nur mit dem Geld will er nichts zu tun haben.

Franz wirft den Beutel achtlos in die Ecke einer Fensternische. Es bedeutet ihm nichts mehr.

Vergeblich wartet der Vater auf die Heimkehr des Sohnes, auf eine Erklärung über den Verbleib des Tuchballens und des Pferdes.

Er stellt Nachforschungen an, läßt Franz suchen.

Es ist nicht schwer, ihn zu finden.

Noch einmal hofft der Vater, den Sohn zur Vernunft zu bringen.

Persönlich macht er sich nach San Damiano auf. Freunde begleiten ihn. Sie sollen bei der Auseinandersetzung Zeugen sein. Er wird Franz zwingen, sich bei ihm zu entschuldigen.

Franz sieht den Vater mit seinem Gefolge von weitem kommen.

Noch immer fürchtet er ihn.

Er verbirgt sich.

Der Vater kehrt ohne seinen Sohn nach Assisi zurück.

In seinem Versteck beginnt Franz nachzudenken.

Er ist verzweifelt.

Er betet.

Erst nach fünf Tagen kommt er wieder zur Ruhe.

Er weiß nun, daß er sich seinem Vater stellen muß.

Er hat in den letzten Wochen nur noch das Nötigste gegessen. Er ist mager und schmal geworden. Seine Kleider haben sich in Lumpen verwandelt.

Die Kinder auf der Straße tanzen um ihn herum, bewerfen ihn mit Schmutz, lachen.

«Ein Narr! Ein Narr!» rufen sie.

Viele genießen das Schauspiel. So weit ist es also mit dem jungen Bernardone gekommen. Sie verhehlen ihre Schadenfreude nicht.

Franz läßt alles mit sich geschehen.

Der Vater fühlt sich bloßgestellt.

Seine Geduld ist zu Ende.

Von zwei Ladengehilfen läßt er Franz ergreifen und nach Hause bringen.

Er sperrt ihn ein, versucht bald mit Zureden, bald mit Schlägen seinen Willen zu beugen.

Franz gibt nicht nach.

Nie mehr wird er zu seinen früheren Gewohnheiten, in die Welt der Bürger, in die Welt seines Vaters zurückkehren.

Die Mutter ist ratlos, voller Erbarmen mit dem mißratenen Kind.

Sie spricht ihm Trost zu.

Franz braucht diesen Trost nicht mehr.

Während einer geschäftlichen Abwesenheit ihres Mannes löst sie seine Ketten und läßt ihn frei.

Sie weiß, daß Pietro Bernardone sie schrecklich dafür beschimpfen wird.

Franz kehrt nach San Damiano zurück.

Er ist ruhig und gefaßt.

Er hat keine Angst mehr.

Der Vater, hilflos in seinem Zorn, bezichtigt Franz des Diebstahls und klagt ihn bei der Stadtbehörde an.

Franz leistet der Einladung, vor den Ratsherren zu erscheinen, keine Folge.

Er läßt ihnen ausrichten, daß er sich dazu nicht verpflichtet fühle. Er habe sich in den Dienst des Allerhöchsten gestellt. Nur Gott könne sein Richter sein.

Die Behörde gibt Bernardone den Rat, den Familienzwist gütlich zu regeln.

Der Vater wendet sich darauf an den Bischof, beschwört ihn, Franz zu verurteilen.

Der Bischof Guido läßt Franz rufen.

Franz gehorcht.

Vor dem Eingang zur Kirche Santa Maria Maggiore kommt es zur Begegnung zwischen Franz, seinem Vater und dem Bischof.

Die halbe Stadt ist versammelt.

Der Bischof versucht, zwischen Vater und Sohn zu vermitteln, die beiden zu versöhnen.

Franz soll auf sein Erbe verzichten, den Erlös aus dem verkauften Tuchballen und auch das den Armen verschenkte Geld zurückerstatten.

Franz schweigt.

Plötzlich verschwindet er in der Kirche. Einen Augenblick später kommt er zurück – nackt.

Die Menge hält den Atem an.

Franz wirft die zu einem Bündel zusammengerollten Kleider dem Vater vor die Füße, auch seinen Geldbeutel.

Er weiß, daß er von nun an nur noch einen Vater im Himmel hat.

Nur noch an ihn will er sich in Zukunft wenden.

Von Schmerz und Wut erfüllt, hebt Bernardone Geld und Kleidungsstücke vom Boden auf und verschwindet.

Schützend schlägt der Bischof seinen Mantel um den nackten Franz.

Die Neugierigen und Spötter sind verstummt.

Viele werden, was sie eben erlebt haben, nicht mehr vergessen.

Ergriffen kehren sie an ihre Arbeit zurück.

Franz verläßt die Stadt auf dem kürzesten Weg.

Ein Diener des Bischofs hat ihm einen alten Mantel geschenkt.

Zum erstenmal in seinem Leben fühlt er sich frei.

Ein mächtiges Glücksgefühl durchströmt ihn.

Er ist fünfundzwanzig Jahre alt. Ein neues Leben liegt vor ihm.

Es ist Frühling.

Auf dem Gipfel des Monte Subiaso liegt noch Schnee.

Überall strecken die ersten Blumen ihre Köpfe dem Licht entgegen.

Franz sieht sie mit neuen Augen.

Er beginnt zu singen, die fröhlichen provenzalischen Lieder.

Er kann nicht anders.

Die sechste Geschichte

Nachdem Franz sich endgültig von seinem Vater losgesagt hatte, machte er sich auf den Weg nach Gubbio, um einen alten Freund zu besuchen.

Er war so voller Freude, daß er laut zu singen anfing.

Von seiner Stimme angelockt, stürzten drei Räuber aus einem Wald hervor, um ihn zu überfallen.

Enttäuscht darüber, daß sie weder Geld noch Schmuck bei ihm fanden, rissen sie ihm seinen einfachen Mantel vom Leib.

«Wer bist du eigentlich?» schrien sie.

«Ich bin der Herold des großen Königs!» antwortete Franz mit fester Stimme.

Die Räuber lachten.

Sie packten und schlugen ihn. Zuletzt warfen sie ihn in eine Grube, in der noch Schnee lag.

«Da kannst du weitersingen, du elender Herold Gottes!» spotteten sie und verschwanden.

Franz schüttelte den Schnee von seinem Körper und kletterte mühsam zur Grube hinaus.

Vor Kälte war er beinahe starr.

Trotzdem versuchte er weiterzusingen.

Gegen Abend fand er in einem Kloster Unterkunft.

Die Mönche ließen ihn in der Küche arbeiten.

Aber ihr Mißtrauen gegen den fremden jungen Mann war so groß, daß sie ihn einige Tage später wieder fortschickten.

Sein Freund in Gubbio hatte Mühe, in dem halbnackten, halbverhungerten Mann Franz wiederzuerkennen.

Er nahm ihn liebevoll auf und versorgte ihn mit allem, was er nötig hatte.

In Gubbio arbeitet Franz eine Zeitlang im Siechenhaus. Er pflegt die Kranken, wäscht und verbindet ihre eiternden Wunden und Geschwüre.

Franz ist nicht mehr der junge Herr, der sich von seinem Pferd gnädig zu den Armen hinunterneigt und Almosen verteilt. Nun ist er einer der Ihren.

Seine Hände sind ihm geblieben.

Mit diesen Händen will er auch San Damiano wieder aufbauen.

«Franz, siehst du denn nicht, wie mein Haus verfällt? Geh und stelle es wieder her!»

Er hat den Auftrag nicht vergessen.

Franz kehrt nach Assisi zurück.

Der Priester Pietro freut sich, ihn wiederzusehen.

Zusammen machen sie sich an die Arbeit.

Franz bettelt in der Stadt das Baumaterial zusammen.

Er bittet nicht nur um Holz und Steine, sondern auch um sein tägliches Brot. Er will Pietro nicht zur Last fallen.

Oft wirft man ihm halbverfaulte Reste zu. Er überwindet seinen Ekel, ißt sie.

Der Spott, der ihm auf Schritt und Tritt folgt, verletzt ihn nicht mehr. Franz ist frei.

Stumm erträgt er auch die Verwünschungen seines Vaters.

Aber es gibt auch Menschen, die von seiner Standhaftigkeit und Demut beeindruckt sind.

Sie kommen nach San Damiano hinaus. Bald ist es eine ganze Schar, die beim Wiederaufbau der Kirche mithilft.

Im Frühling 1208 ist das Werk vollendet.

Die Arbeit mit den Händen macht Franz glücklich. Sie gibt seinen Tagen einen Sinn, festigt seine innere Ruhe.

Er baut weiter.

Mit Hilfe seiner Freunde renoviert er auch die Kapellen San Pietro und Santa Maria di Portiuncula.

Die Portiuncula liegt ihm besonders am Herzen.

Er kann sich vorstellen, in der Abgeschiedenheit der kleinen Kirche sein Leben zu vollbringen.

Hat Gott ihn zum Einsiedler bestimmt?

In der Portiuncula bekommt er während der Predigt eine Antwort auf diese Frage. Es sind die Worte, die Jesus an seine Jünger richtete, bevor er sie in die Welt hinausschickte: «Gehet und predigt! Macht die Kranken gesund! Ihr sollt nicht Gold, noch Silber, noch Erz in euern Gürteln haben, auch keine Tasche zur Wegfahrt, auch nicht zwei Röcke, keine Schuhe, auch keinen Stecken; denn ein Arbeiter ist seiner Speise wert.»

Es ist Franz, als hätte nicht ein Priester, sondern Jesus selbst diese Worte zu ihm gesprochen.

Sie sind eine Offenbarung.

Er weiß, daß sie sein ganzes weiteres Leben bestimmen werden.

•

Die siebente Geschichte

Bernardo von Quintavalle war ein reicher und angesehener Bürger von Assisi. Sein Rat und seine Weisheit wurden von allen geschätzt.
Auch er hatte von der Wandlung des jungen Bernardone gehört. Die Demut, mit der Franz die Verachtung seiner ehemaligen Freunde ertrug, beschäftigte ihn.
Was für ein Geheimnis steckte dahinter?
Er wollte es ergründen.
Er lud Franz zum Nachtmahl ein.
Als sie zusammen gegessen hatten und es über ernsten Gesprächen spät geworden war, ließ er für Franz absichtlich ein Lager in seiner eigenen Kammer richten. Er wollte ihn bei seinem Gebet beobachten.
Doch Franz erriet seine Absicht, legte sich sofort nieder und gab vor zu schlafen.
Dasselbe tat auch Bernardo, der sogar laut zu schnarchen anfing.
Die Täuschung gelang ihm.
Franz erhob sich und begann zu beten.

«Mein Gott und mein alles!» hörte Bernardo ihn immer wieder flüstern. Und er sah, wie die Tränen über seine Wangen liefen.

Bernardo war von dem Anblick so ergriffen, daß er die ganze Nacht nicht mehr schlafen konnte.

Am Morgen stand sein Entschluß fest.

Auch er wollte um Jesu willen die Welt verlassen.

«Ich will dir in allem folgen, was du mich zu tun heißest», sagte er zu Franz.

Zusammen gingen sie in die Kirche, um die Messe zu hören. Auf Wunsch von Franz schlug der Priester die Bibel auf.

Dabei fiel sein Blick auf die Worte:

«Willst du vollkommen sein, so gehe hin, verkaufe alles, was du hast, und gib es den Armen!»

Bernardo gehorchte.

Er ging hin und verkaufte alle seine Güter. Zusammen mit Franz verschenkte er das Geld unter die Kranken, Waisen und armen Priester.

Im März 1209 beginnt Franz zum erstenmal öffentlich zu predigen.

Er weiß, daß er weder stattlich noch schön ist. Die abstehenden Ohren an dem runden Kopf reizen seine Zuhörer zum Lachen. Er ist klein und mager. Seine Hände sind schlank mit langen Fingern. Er hat dünne Beine und kleine Füße. Das Haar ist schwarz, die Stirne glatt und niedrig. Die Augen sind dunkel, die Haut ist von einer zarten Bräune. Aber in seiner ganzen Erscheinung liegt etwas Anmutiges, das ihn den Menschen liebenswert macht. Und wenn er mit seiner sanften und doch kräftigen Stimme zu sprechen beginnt, verstummen sie, hören ihm zu. Von seinem Beispiel beeindruckt, bekehren sich auch andere Männer.

Nicht nur Bernardo von Quintavalle, sondern auch ein Priester – er heißt Sylvester – und ein Mann namens Egidio haben alles verschenkt und ihre Familien verlassen.

Franz ist nicht mehr allein.

Neben Santa Maria di Portiuncula richtet er sich mit seinen Gefährten ein. Eine bescheidene Hütte, aus Lehm und Ästen erbaut, wird zum Mittelpunkt ihrer Gemeinschaft.

«Gehet aber und predigt!»

«Ihr werdet Menschen finden», sagt Franz zu seinen Gefährten, «Menschen voller Glauben, Sanftmut und Güte. Aber noch mehr werdet ihr andere finden, hochmütige Gotteslästerer, die euch beleidigen. Seid darum entschlossen, alles mit Geduld und Demut zu ertragen.»

Im Sommer wandert Franz mit Egidio durch die Marche d'Ancona.

Die Zeit vergeht mit Gesprächen und stundenlangem Schweigen. Manchmal singen sie, von Freude und Zuversicht erfüllt.

Die Männer und Frauen auf den Feldern hören ihre Stimmen von weitem.

«Wo kommt ihr her? Welchem Orden gehört ihr an?» fragen sie.

«Wir sind Büßer aus der Stadt Assisi», gibt Franz zur Antwort.

Er erzählt ihnen von seiner Bekehrung und mahnt sie, Buße zu tun und Gott für seine große Güte zu danken.

Franz und Egidio helfen ihnen auch, die Ernte vor dem nahenden Gewitter trocken unter Dach zu bringen, einen umgestürzten Wagen wieder aufzustellen oder ein krankes Tier zu pflegen.

Sie wollen keinen Lohn dafür, nur das Nötigste zum Essen und eine Unterkunft für die Nacht.

Viele Leute aber sind voller Mißtrauen, besonders in den großen Dörfern und Städten. Sie haben genug von herumstreunenden Mönchen, die mit scheinheiligen Worten von Gott erzählen, sich daneben betrinken und sich mit Drohungen Frauen und Mädchen gefügig machen.

Sie werden für Schurken oder Narren gehalten, verfolgt und mit Kot und Steinen beworfen.

Auch die Priester verschließen ihre Türen vor den merkwürdigen Männern aus Assisi.

«Wie könnt ihr es wagen, ohne einem Orden anzugehören, ohne Amt und Titel das Wort Gottes zu verkünden!» sagen sie.

Franz und Egidio wehren sich nicht.

Sie sind bereit, Spott und Verachtung zu ertragen.

Die achte Geschichte

Einmal kamen Bernardo und Egidio nach Florenz. Es ging gegen Abend, und sie konnten kein Nachtlager finden.

Endlich entdeckten sie ein Haus unter den Arkaden, das vor dem Eingang einen Backofen hatte.

«Hier finden wir sicher ein Obdach», sagten sie zuversichtlich.

Doch die Frau des Hauses fürchtete sich vor ihnen. Erst nach inständigem Bitten erlaubte sie ihnen, wenigstens draußen neben dem Backofen zu schlafen. Als der Mann nach Hause kam und die beiden sah, machte er seiner Frau Vorwürfe.

«Wie konntest du den zwei Landstreichern gestatten, sich unter den Arkaden einzunisten?» fragte er. «Es sind sicher Diebe!»

«Ach!» antwortete sie. «Was wollen sie uns da draußen schon stehlen, außer ein wenig Holz.»

Am folgenden Morgen gingen Bernardo und Egidio in die nahe Kirche. Die Frau, die in die gleiche Kirche ging, wunderte sich, als sie die beiden erblickte.

Sie waren tief ins Gebet versunken.

Doch dann wunderte sie sich noch mehr.

Als der wohlhabende Herr Guido ihnen ein Almosen schenken wollte, wiesen sie es zurück.

«Wir nehmen kein Geld», sagten sie.

«Warum nicht?» fragte Herr Guido, «so wie ihr daherkommt, könntet ihr es doch sicher brauchen.»

«Ja», sagte Bernardo, «es ist wahr, wir sind arm. Doch wir sind aus freiem Willen arm geworden, darum ist diese Armut nicht so schwer zu ertragen.»

Als die Frau diese Worte hörte, stand sie auf, trat zu Bernardo und Egidio und sagte:

«Ich habe mich getäuscht. Kommt mit und seid meine Gäste!»

Bernardo und Egidio dankten ihr für die Einladung, lehnten sie aber ab.

Herr Guido nahm sie in sein Haus auf. Dort blieben sie einige Tage und erzählten ihm voller Freude von Franz aus Assisi, der ihnen mit seinem Beispiel der Armut einen neuen Weg gewiesen hatte.

Die Zahl der Jünger vergrößert sich.

Bald sind es ihrer zwölf, meist junge Leute aus Assisi.

Franz nimmt jeden auf, der bereit ist, ein evangelisches Leben zu führen und seinen Besitz an die Armen zu verteilen.

Was sie untereinander verbindet, ist die Liebe zu Jesus.

Franz ist glücklich über die wachsende Zahl der Brüder, doch sie macht ihm auch Sorgen.

Er muß einsehen, daß eine menschliche Gemeinschaft nicht ohne Regeln auskommt. Aber er fürchtet sich davor, über ihre Befolgung wachen zu müssen.

Franz will sich weder zum Führer erheben noch Macht ausüben.

Seine Regeln sind kurz und einfach.

Es ist darin nichts anderes enthalten als das, was Jesus seine Jünger lehrte.

Damit Franz und seine Gefährten von der Kirche als Gemeinschaft Anerkennung finden, müssen die Regeln vom Papst geprüft und bestätigt werden.

Im Sommer des Jahres 1209 wandern die Brüder nach Rom, um Innozenz dem Dritten die Regeln vorzulegen.

Innozenz kämpft seit Jahren gegen die Verwahrlosung unter seinen Priestern und Bischöfen. Mit Autorität und Strenge hat er sich selbst und der Kirche die während der Zeit des Papstes Cölestin verlorene Macht zurückerobert.

Was wird er zu dem Häuflein bescheidener Männer sagen?

In Rom begegnen die Brüder dem Bischof von Assisi. Er verspricht ihnen, sich beim Papst für sie einzusetzen.

Es ist nicht einfach, vor den Thron des Herrschers der Kirche zu gelangen. Eingeschüchtert steht Franz in seiner einfachen Kutte vor den mit prächtigen Kleidern und kostbaren Ringen geschmückten geistlichen Würdenträgern!

Von mehreren Kardinälen wird Franz tagelang geprüft, wie ein Schuldiger verhört und mit Fragen gequält.

Genügen Regeln, die nichts anderes als Worte aus dem Evangelium enthalten, um einen neuen Orden zu gründen? Ist der Gedanke der vollkommenen Armut auch im Alltag durchführbar? Ist das, was diese Männer verbindet, nicht nur ein vorübergehender Rausch der Begeisterung?

Einer der Kardinäle, Johannes von San Paolo, gibt Franz den Rat, sich dem seit kurzem bestehenden Orden der Dominikaner anzuschließen.

Franz lehnt ab, von seiner eigenen Aufgabe überzeugt.

Endlich wird er mit seinen Gefährten vor den Papst geführt.

Innozenz spricht zu den Männern wie mit Kindern.

Er lobt ihren Eifer und ist zugleich voller Zweifel.

Er gibt sich Mühe, sie zu verstehen.

Sie sind ihm fremd.

«Geht die von euch gewollte Armut nicht über menschliche Kraft?» fragt er. «Ist ein solches Leben nicht zu rauh und zu hart?»

«Wir wollen nichts anderes als so zu leben versuchen, wie es im Evangelium geschrieben steht», antwortet Franz.

Johannes von San Paolo kommt ihm zu Hilfe.

«Ist es nicht eine Gotteslästerung, wenn wir es für unmöglich halten, evangelische Vollkommenheit zu erlangen?» Innozenz muß ihm recht geben.

Trotzdem will er mit der Bestätigung der Regel noch zuwarten.

Aber er erlaubt Franz und seinen Brüdern, ihre Missionstätigkeit fortzusetzen.

Mit gütigen Mahnungen und teilnehmenden Worten ent-
läßt er sie.

«Wenn Gott eurer Gemeinschaft weiter Gedeihen schenkt,
dann meldet es mir. Dann werden wir noch einmal über
die Regeln sprechen.

Die neunte Geschichte

Franz war vor der Begegnung mit dem Papst bange.

Auf seiner Reise nach Rom flehte er Gott immer wieder um Hilfe an.

Da schenkte ihm Gott ein Gleichnis:

Mitten in der Wüste lebte eine arme, aber schöne junge Frau. Da kam eines Tages ein König daher. Er war von ihrer Schönheit so beeindruckt, daß er sie begehrte.

Was für herrliche Söhne wird sie mir schenken, dachte er.

Und so geschah es.

Sie gebar ihm Kinder, wie er sie sich gewünscht hatte. Aber die Frau blieb mit ihnen unerkannt in der Wüste.

Erst als sie zu stattlichen jungen Männern herangewachsen waren, sagte die Mutter zu ihnen:

«Geht an den Hof des Königs. Er wird euch alles geben, was ihr braucht!»

Als der König die jungen Männer erblickte, staunte er über ihre edlen Gestalten und fragte sie:

«Wessen Söhne seid ihr?»

«Wir sind die Kinder einer armen Frau aus der Wüste», antworteten sie.

Da umarmte sie der König und rief voller Freude: «Ihr seid meine Söhne. Fürchtet euch nicht! Ihr sollt an meiner Tafel speisen und bei mir bleiben.»

Als Franz vor dem Papst stand, erzählte er ihm dieses Gleichnis.

«Ich bin diese arme Frau», sagte er zu ihm, «und ihre Söhne sind meine Brüder.»

Da wurde Innozenz nachdenklich und erinnerte sich plötzlich an das, was er in der vergangenen Nacht geträumt hatte. Er hatte die stolze Kirche San Giovanni di Laterano vor sich gesehen. Sie war vom Einsturz bedroht. Aber ein schlicht gekleideter Mann von kleiner und zarter Gestalt stützte sie mit seinen Schultern.

Sollte Franz dieser Mann sein?

Er verglich seinen Traum mit dem, was Franz ihm erzählt hatte. Und einen Augenblick lang ahnte er, daß nicht die Bischöfe und Kardinäle in Samt und Purpur, sondern ein Mann wie Franz die Kirche in Zukunft tragen und stützen würde.

Der Papst hatte von den Brüdern die Wahl eines Oberen verlangt.

Franz hätte am liebsten seinen ersten Gefährten, Bruder Bernardo, dafür vorgeschlagen.

Aber er spürt, daß er sich dem schweren Amt nicht entziehen darf. Er ist der Gründer der Gemeinschaft. Sie trägt seinen Namen.

Auch wenn Innozenz ihm die schriftliche Bestätigung der Regel noch verweigerte, so hatte er ihnen vor ihrer Abreise doch die Tonsur erteilt. *(Wer die Tonsur, einen runden Haarausschnitt, empfängt, erhält Anrecht auf die Standesrechte des Klerus.)* Damit sind sie zu einem Orden gemacht und in die Kirche aufgenommen worden.

Franz hatte versprochen, dieser Kirche Gehorsam zu leisten, sich ihren Wünschen und Anordnungen zu fügen.

Franz ist froh, das geschäftige und verwirrende Rom wieder verlassen zu können.

Er sehnt sich nach Umbrien zurück, nach seinen fröhlichen Menschen, nach seinen sanften Hügeln und schattigen Tälern.

Der Rückweg durch die römische Campagna in der brütenden Sommerhitze ist beschwerlich.

Trotzdem beginnt Franz wieder zu lachen und zu singen.

Der Druck, der in Rom auf ihm gelastet hat, löst sich.

In Rivotorto, im Spoletal, richten sich die Männer in einer alten, verlassenen Hütte ein.

Wenn alle Brüder sich darin versammeln, wird der Platz so eng, daß sie sich kaum rühren können. Um den knappen Raum gerecht zu verteilen, schreibt Franz den Namen jedes Bruders an den Firstbalken.

Rivotorto liegt eine Wegstunde von Assisi entfernt, nahe von San Damiano und der Portiuncula.

Die Tage sind ausgefüllt.

Wer von den Brüdern das Bedürfnis nach Einsamkeit verspürt, zieht sich in eine der vielen Höhlen am Abhang des Monte Subiaso zurück.

Andere wandern zu zweit oder zu dritt durch die Dörfer, um den Leuten zu predigen.

Sie tun es mit einfachen und schlichten Worten.

Franz ist ihr Vorbild.

Franz schmeichelt niemandem. Er wünscht allen Menschen Frieden, mahnt sie aber auch zur Buße. Er verurteilt diejenigen, die ihre Macht mißbrauchen, und verteidigt die Geächteten und Besitzlosen. Er hat keine Angst. Was er von seinen Zuhörern verlangt, fordert er auch von sich selbst.

Die Bauern und Handwerker verstehen ihn. Er spricht unter freiem Himmel, auf den Dorfplätzen, auf dem Markt und in den Schenken. Er braucht keine Kirche.

Unter seine Zuhörer mischen sich mehr und mehr auch Gebildete, Adlige, Kaufleute und Priester.

Die Zahl der Menschen, die, von seinen Worten und Taten überzeugt, ihr Leben ändern und um Aufnahme in die Gemeinschaft der Brüder bitten, wird immer größer.

Bald werden sie in einem einzigen Haus nicht mehr Platz finden.

Die zehnte Geschichte

Einer von Franzens ersten Genossen war Bruder Rufino aus Assisi.

Rufino war ein in sich gekehrter Mensch, sprach selten und fürchtete sich vor jedem öffentlichen Auftreten.

Eines Tages aber bat ihn Franz, nach Assisi hinaufzugehen und dort eine Predigt zu halten.

Rufino erschrak.

«Ehrwürdiger Vater», sagte er, «erlasse mir den Auftrag. Du weißt ja, wie einfältig ich bin.»

Doch Franz wollte seinen Gehorsam auf die Probe stellen.

«Ich befehle dir», sagte er, «ohne Rock, nur mit deiner Unterhose bekleidet, in der Kirche von Assisi zu predigen.»

Rufino wehrte sich nicht mehr.

Er zog seine Kutte aus und machte sich auf den Weg.

Die Kinder, die in den Gassen von Assisi spielten, fingen an zu lachen, als sie den halbnackten Bruder sahen.

Sie liefen ihm nach.

«Die Brüder sind verrückt geworden», riefen sie.

«Nun treiben sie es mit der Buße zu weit», sagten die Erwachsenen.

Rufino aber kümmerte sich nicht um ihr Gelächter, trat in die Kirche ein, verneigte sich vor dem Altar, stieg auf die Kanzel und versuchte eine Predigt zu halten.

Unterdessen dachte Franz über das nach, was er von Rufino verlangt hatte.

Sein Gehorsam und seine Demut bewegten und beschämten ihn.

Wie komme ich eigentlich dazu, ich, der Sohn des Pietro Bernardone, vom Sohn einer der vornehmsten Familien der Stadt so etwas zu verlangen und ihn dem Spott seiner Mitbürger auszuliefern!

Er machte sich Vorwürfe.

Ich will das, was ich von andern verlange, auch selber tun, sagte er sich.

Wie Rufino zog er seinen Rock aus und lief halbnackt nach Assisi. Bruder Leo begleitete ihn. Auf seinem Arm trug er die Kutten der beiden Brüder.

Als die Leute, die sich in der Kirche versammelt hatten, nun auch Franz nur mit Unterhosen bekleidet und wie ein Narr daherkommen sahen, dachten sie, auch er sei verrückt geworden.

Franz aber stieg zu Rufino auf die Kanzel und predigte so wunderbar und inbrünstig über die selbst gewählte Armut, über die Vergänglichkeit aller Dinge und über die Nacktheit und Schmach Jesu am Kreuz, daß aller Spott verstummte. Vielen liefen die Tränen über die Wangen.

Als Franz zusammen mit Rufino wieder von der Kanzel stieg, reichte ihnen Bruder Leo die Kutten. Sie zogen sie über und kehrten nach der Portiuncula zurück.

Die Zuhörer aber blieben wie verwandelt zurück. Und viele von ihnen redeten noch lange über das, was sie eben gehört und erlebt hatten.

Die Hütte in Rivotorto wird für die wachsende Gemeinschaft zu klein.

Franz sieht ein, daß er einen Ort braucht, an den er und seine Brüder von ihren Wanderungen zurückkehren können, einen Ort der Ruhe und Besinnung, ein Zuhause.

Er wendet sich mit seinem Wunsch an den Bischof und die Domherren von Assisi. Er findet kein Gehör. Der Benediktinerabt des Klosters Monte Subiaso überläßt ihm die kleine Kirche Santa Maria di Portiuncula. Es ist aus seinem Besitz die ärmlichste und kleinste. Doch Franz hätte sich keinen schöneren Platz wünschen können.

Hier hat er vor zwei Jahren seine Aufgabe empfangen, eine Antwort auf seine Fragen gefunden.

Er erinnert sich auch daran, wie er die halbverfallene Kirche mit Freunden wieder aufbaute und wie fröhlich sie dabei waren. Nun entstehen in kurzer Zeit um die Kirche herum kleine Hütten aus Lehm und Weidengeflecht, Zellen für die Brüder, das erste Franziskanerkloster.

Als symbolische Miete für die Kirche schickt Franz den Benediktinern jedes Jahr einen Korb Fische, Rotaugen aus dem Lago di Trasimeno, ein Leckerbissen für verwöhnte Gaumen.

«Wir wollen kein Haus zu eigen besitzen», sagt er, «denn wir könnten eines Tages in Versuchung kommen, es zu verkaufen. Auch Jesus hat nur von dem gelebt, was ihm geschenkt wurde.»

Franz will mit Geld nichts zu tun haben.

Wie verschwenderisch ist er einmal damit umgegangen! Er kennt seine verführerische Macht. Ist es nicht ein Werkzeug des Bösen?

Franz ist sich aber der Gefährlichkeit der von ihm gepredigten und gelobten Armut bewußt.

Nie darf sie zu einem Vorwand für Faulheit werden.

Nach ihrem Eintritt in den Orden sollen die Brüder ihr Handwerk weiter ausüben. Jeder soll das tun, was seiner Begabung entspricht.

Als Bezahlung für geleistete Dienste dürfen sie die notwendige Nahrung annehmen.

Wer sich Vorräte anlegt, wird von Franz getadelt.

Die wichtigste Aufgabe bleibt der Verzicht auf jeden Besitz, die Liebe zur Armut.

Franz ermahnt seine Gefährten immer wieder, die Hände zu gebrauchen, Arbeit nicht zu scheuen.

Auch Almosen müssen verdient sein.

Das Bitten darum ist ein Zeichen der Demut.

Franz wird nicht müde, sie zu üben.

Die elfte Geschichte

Einmal kam Franz nach dem Dorf Ottiana am Osthang des Monte Subiaso.

Als er in die Kirche trat, sah er, daß sie es nötig hatte, geputzt zu werden. Er nahm einen Besen und fing an zu kehren.

Die Leute, die ihn erkannten, wunderten sich über seine Demut.

In der Nähe der Kirche pflügte ein junger Bauer namens Giovanni seinen Acker. Da er schon von Franz gehört hatte, wollte er ihn mit eigenen Augen sehen.

«Ich will dir helfen», sagte er zu Franz, «gib mir den Besen!»

Franz reichte ihm den Besen, und Giovanni machte die Arbeit fertig.

Dabei fühlte er sich glücklich und zufrieden wie noch nie.

«Ich habe schon viel von dir gehört», sagte er nachher zu Franz. «Wie froh bin ich, daß ich dir begegnet bin. Auch ich möchte Gott dienen. Was soll ich tun?»

Franz freute sich über seinen Eifer.

«Wenn du dein Leben mit mir teilen willst, mußt du alles, was du hast, den Armen verschenken.»

Ohne zu zögern, stand Giovanni auf und kam mit einem der beiden Ochsen zurück, die vor seinen Pflug gespannt waren.

«Das ist mein Erbteil», sagte er. «Nimm ihn und verschenke ihn den Armen!»

Franz mußte lächeln.

Bald aber kamen Giovannis Eltern und seine jüngeren Geschwister gelaufen, jammerten und verlangten den Ochsen zurück. Franz beruhigte sie.

«Den Ochsen gebe ich euch wieder», sagte er, «aber ich nehme den Bruder.»

Giovanni wurde in den Orden aufgenommen.

Giovanni wollte es seinem Meister in allem gleichtun.

Ob Franz niederkniete oder die Hände faltete oder ausspuckte, sich räusperte oder hustete, Giovanni machte es ihm nach.

Franz stellte ihn zur Rede und tadelte ihn.

Da sagte Giovanni:

«Ich habe mir vorgenommen, dir in allem nachzufolgen. Also gehört es sich auch, daß ich alles so mache, wie du es machst.»

Franz wußte darauf keine Antwort.

Innerlich aber staunte er über Giovannis Herzensreinheit und Kindlichkeit.

Giovanni starb jung. Franz war sehr betrübt.
Im Kreise seiner Brüder erzählte er oft von ihm
und nannte ihn dabei nicht nur bei seinem Namen,
sondern «der heilige Giovanni».

Franz ist bald dreißig Jahre alt.

Nicht nur in Umbrien, sondern auch in den benachbarten Provinzen beginnen die Menschen von ihm zu erzählen. Wo er hinkommt, nehmen sie ihn mit Liebe und Verehrung auf. Vor allem die Armen sind ihm zugetan.

Auch die andern Minderbrüder – wie sie sich nennen – sind beim Volk willkommen.

Von seinen Predigtreisen kommt Franz selten ohne einen neuen Bruder nach der Portiuncula zurück. Darunter sind Handwerker, Gelehrte, Adlige, auch ehemalige Verbrecher, von der Gesellschaft Ausgestoßene. Der junge Orden hat für jeden Platz, der guten Willens ist.

Nicht alle sind dem kargen und asketischen Leben auf die Dauer gewachsen. Franz läßt sie ohne Vorwürfe wieder ziehen.

Seine ersten Genossen stehen Franz immer noch am nächsten. Sie haben von Anfang an Freud und Leid mit ihm geteilt. Sie werden ihm auch über seinen Tod hinaus die Treue halten.

Einer von ihnen ist Bruder Egidio. Er träumt von großen Taten, unternimmt gefährliche Missionsreisen in ferne Länder. Keine Arbeit ist ihm zu gering. Franz liebt ihn seiner Güte und seiner Fröhlichkeit wegen ganz besonders.

Egidio hat Franz um fünfundzwanzig Jahre überlebt. Er ist bis zu seinem Tode ein echter Franziskaner geblieben.

Angelo ist ein zarter Jüngling aus vornehmer Familie. Franz zögert, ihn in die Gemeinschaft aufzunehmen. Wird er das einfache Leben aushalten können?

Angelo wird einer seiner tapfersten Brüder.

Wie Giovanni ist auch Bruder Juniperus ein frommer Tor. Am liebsten spielt er mit den Kindern. Den Brüdern gibt er täglich Anlaß zu freundlichem Spott und herzlichem Lachen.

Aber von keinem können sie so viel Bescheidenheit lernen wie von ihm.

Der erste Priester, der in den Orden eintritt, ist Sylvester. Wie Rufino ist er ein Einsiedler, in sich gekehrt. Er ist froh, wenn er in der Nähe der Portiuncula bleiben darf.

Von ganz anderer Art ist Masseo aus Marignano bei Assisi.

Er ist schön und stattlich gebaut. Er begeistert seine Zuhörer mit gewandten Reden.

Wird er nicht der Eitelkeit verfallen?

Franz stellt seine Demut immer wieder auf die Probe, überträgt ihm eine Zeitlang das bescheidene Amt des Pförtners und läßt ihn in der Küche arbeiten.

Masseo enttäuscht ihn nicht.

Masseo bewährt sich auch als Begleiter auf Franzens Missionsreisen in ferne Länder. Und er wird auch der Vertraute seiner letzten Tage sein.

Am nächsten steht ihm Bruder Leo. Er ist noch jung, sehnt sich nach Liebe und Zuneigung. Franz liebt ihn wie einen Sohn. Er bestimmt ihn zu seinem Beichtiger, und weil Franz selbst nicht gerne schreibt, macht er ihn auch zu seinem Sekretär.

Im Jahr 1271 stirbt Leo als letzter der Brüder, die Franz persönlich gekannt haben.

Leo hat viele Geschichten über Franz und seine Brüder weitererzählt und zusammen mit Rufino und Angelo auch einen Teil davon aufgeschrieben.

Die zwölfte Geschichte

Eines Tages im Winter wanderten Franz und Leo von Perugia nach der Portiuncula zurück. Sie waren hungrig, durchfroren und müde.
Leo ging voraus.
Plötzlich rief Franz:
«Bruder Leo, auch wenn wir Minderbrüder das Beispiel eines guten und gottgefälligen Lebens geben, so schreibe und merke es dir, daß darin nicht die vollkommene Freude liegt.»
Leo hatte keine große Lust zu reden.
Aber als sie ein wenig weitergegangen waren, rief Franz:
«Bruder Leo, wenn ein Minderbruder einem Blinden das Augenlicht und einem Krüppel gesunde Glieder wiedergäbe, wenn er böse Geister austriebe, wenn er Taube hören und Lahme gehen machte, ja sogar, wenn er einen Toten zum Leben auferweckte, so schreibe und merke es dir, daß darin nicht die vollkommene Freude liegt.»
Wieder gab Leo keine Antwort.
Da rief Franz:

«Bruder Leo, wenn ein Minderbruder alle Sprachen beherrschte, alle Bücher und Wissenschaften verstände, wenn er weissagen könnte und die Menschen durchschaute, so schreibe und merke es dir, daß darin nicht die vollkommene Freude liegt.»

Bruder Leo verwunderte sich über Franzens Worte, aber er schritt weiter.

Da rief Franz wieder:

«Bruder Leo, Lämmlein Gottes, wenn ein Minderbruder mit Engelszungen redete, wenn er um den Lauf der Gestirne und um die Kraft aller Pflanzen wüßte, wenn er alle Schätze der Erde fände, wenn ihm das Geheimnis der Vögel und Fische, der Tiere und Menschen, der Bäume und Steine, der Wurzeln und Gewässer offenbar wäre, so schreibe und merke es dir, daß darin nicht die vollkommene Freude liegt.»

Leo schwieg noch immer.

Da rief Franz von neuem:

«Bruder Leo, wenn ein Minderbruder so herrlich zu predigen wüßte, daß er alle Andersgläubigen bekehrte, so schreibe und merke es dir, daß darin nicht die vollkommene Freude liegt.»

Endlich blieb Bruder Leo stehen und sagte:

«Vater, ich bitte dich in Gottes Namen, so sag mir endlich, worin die vollkommene Freude liegt!»

Da erwiderte Franz mit leuchtenden Augen:

«Wenn wir nun ganz durchfroren, schmutzig und hungrig an der Pforte unseres Klosters ständen und einer unserer Brüder käme und würde uns nicht kennen, würde uns als Landstreicher beschimpfen und uns im Schnee und in der Kälte stehen lassen, ja sogar, wenn er uns ohrfeigen und mit groben Schlägen davonjagen würde, und wenn wir diese Beleidigungen, ohne uns zu wehren, im Gedanken an das Leiden Christi hinnehmen und in Liebe denken würden, Gott habe dem Pförtner diese Worte auf die Zunge gelegt, darin, o Bruder Leo, schreibe und merke es dir, liegt die vollkommene Freude.»

Darauf liefen sie stumm nach Hause, aber Bruder Leo hatte Hunger und Kälte vergessen und bewegte die Worte, die Franz zu ihm gesagt hatte, in seinem Herzen.

In Assisi ist Franz in aller Munde.

Er hat auch Feinde.

Pietro Bernardone, sein Vater, bleibt verbittert und unversöhnlich. Wo von seinem Sohn gesprochen wird, verstummt er und geht davon. Pica, seiner Frau, hat er den Umgang mit Franz verboten. Wie eine Diebin schleicht sie sich in die Kirche San Rufino, in der er hin und wieder predigt.

Unter den Zuhörern ist auch Klara, die sechzehnjährige Tochter Favarones, eines vornehmen und reichen Ritters.

Als kleines Mädchen hat sie von den Streichen des jungen Bernardone, von seiner Verschwendungssucht und Eitelkeit erzählen gehört.

Ist es derselbe?

Ergriffen lauscht sie seinen schlichten Worten.

Sein Wandel vom verwöhnten Jungen zum Bruder der Armut beschäftigt ihre Gedanken.

Auch Klaras Herz gehört den Armen, den Kranken und Ausgestoßenen.

Die Eltern haben ihr einen jungen Edelmann als Gatten bestimmt. Sie wehrt sich gegen die Verlobung.

Die Brüder haben Franz von dem frommen Mädchen erzählt.

Er will Klara kennenlernen.

Aber er weiß um das Übel, das von bösen Zungen angerichtet wird.

Er bittet sie an einen verschwiegenen Ort.

Klara wird von ihrer Vertrauten Bona begleitet.

Franz ist von der Reinheit Klaras beglückt.

Mit glühenden Worten schildert er ihr den Weg der Armut und der Nachfolge Christi.

Es bleibt nicht bei der einen Begegnung.

Mit aller ihm zur Verfügung stehenden Kraft versucht Franz das junge Mädchen zu erobern, nicht für sich selbst, sondern für den Dienst an Gott.

Seine Worte geben Klara den Mut, gegen den Willen ihrer Eltern, den eigenen Weg zu gehen.

Der Palmsonntag des Jahres 1212 wird zum Beginn ihres neuen Lebens.

Am Morgen besucht sie, mit einem Prunkkleid angetan, die Kirche.

Ihre Schönheit und Anmut wird von den Männern bewundert.

Der Bischof ist in den Plan eingeweiht.

Er legt den Palmzweig in Klaras Hände.

Niemand ahnt, was in ihr vorgeht.

Niemand weiß, daß sie sich entschlossen hat, in der folgenden Nacht ihr Elternhaus zu verlassen.

In der Dunkelheit, nur von zwei Freundinnen begleitet, bahnt sie sich den Weg durch eine mit Steinen und Holzblöcken verrammelte Pforte des Schlosses ins Freie.

Franz, Rufino, Sylvester und einer von Klaras Vettern erwarten sie.

In der Portiuncula sind alle Brüder im gemeinsamen Gebet wach geblieben.

Sie gehen Klara mit Fackeln entgegen, führen sie in die Kirche.

Vor dem Altar bleibt Klara stehen.

Ohne ein Wort zu sagen, legt sie ein Schmuckstück nach dem andern ab.

Unter den Händen der Brüder fällt ihr langes Haar.

Ein schlichtes Kleid liegt bereit.

Mit einfachen Worten gelobt sie, der Welt zu entsagen und ihre Kraft dem Dienst Gottes zu weihen.

In der Morgendämmerung bringt Franz Klara nach San Paola, einem Benediktinerinnenkloster in der Nähe von Assisi.
Dort soll sie auf weitere Anordnungen warten.
Klara spürt, daß ihr Schweres bevorsteht.

Schon am nächsten Tag erscheint der Vater.
Er fleht Klara an, wieder nach Hause zu kommen. Sie weigert sich.
Er versucht es mit Gewalt. Klara klammert sich an den Altar, zeigt ihm ihr geschorenes Haupt, Zeichen der Zugehörigkeit zu einem Orden.
Wie einst Pietro Bernardone kehrt auch er ohne sein Kind nach Hause zurück.
Die Benediktinerinnen fürchten sich vor dem einflußreichen Vater ihres Gastes. Sie bitten Klara, das Kloster zu verlassen.
In San Angelo di Panzo am Monte Subiaso findet Klara eine neue Zuflucht.
Eines Tages kommt Agnes, ihre um zwei Jahre jüngere Schwester. Auch sie hat das Elternhaus verlassen und will das evangelische Leben mit Klara teilen.
Der Vater, von Freunden und Verwandten begleitet, überfällt das kleine Kloster, versucht wenigstens die jüngere seiner beiden Töchter zur Vernunft zu bringen.
Laut schmäht er Franz als Verführer.
Klara und Agnes bleiben fest.
Favarone ergibt sich ins Unabänderliche.
Klara und Agnes möchten sich in Ruhe auf ihr neues Leben vorbereiten, wünschen sich eine feste Bleibe.
Franz wendet sich an den Abt, dem er die Portiuncula verdankt.

Wieder zeigt der Benediktiner Verständnis. Er stellt den Schwestern San Damiano zur Verfügung.

Franz ist glücklich darüber.

Der Wiederaufbau von San Damiano ist ein Werk seiner Hände. In San Damiano hat er vor sechs Jahren Zuflucht vor seinem Vater gefunden. Hier hat er den Auftrag empfangen: «Franz, siehst du denn nicht, wie mein Haus verfällt? Geh und stelle es wieder her!»

Hier finden nun die beiden Schwestern eine Heimat. In San Damiano nimmt der Orden der armen Frauen seinen Anfang.

Die dreizehnte Geschichte

Franz und Klara befanden sich zusammen auf dem Rückweg von Spello nach Assisi.

Weil sie hungrig und durstig waren, traten sie in ein Haus und baten um Brot und Wasser.

Die Leute gaben es ihnen.

Doch als sie die beiden erkannten, fingen sie an zu tuscheln, böse Blicke zu werfen und versteckte Anspielungen zu machen.

«Beinahe täglich sieht man euch zusammen! Nennt ihr das ein keusches Leben führen! Sagt, wie steht es damit?»

Franz und Klara gaben keine Antwort.

Sie standen auf und gingen schweigend davon.

Es war kalt und die Erde mit Schnee bedeckt. Es begann früh zu dunkeln.

Plötzlich sagte Franz:

«Schwester, hast du verstanden, was die Leute über uns denken?»

Klara schwieg.

Nur mit Mühe konnte sie die Tränen zurückhalten.

«Wir müssen uns trennen», sagte Franz. «Es ist besser, wenn du allein gehst und ich dir von weitem folge. In einer Stunde wirst du in San Damiano sein.»

Überwältigt von der Trauer, fiel Klara auf die Knie. Doch nach einer Weile stand sie auf und ging, ohne sich noch einmal nach Franz umzudrehen, weiter.

Der Weg führte durch einen Wald.

Ihr Herz war schwer. Sie hatte plötzlich nicht mehr die Kraft, sich ohne Trost und Hoffnung, ohne ein Abschiedswort von Franz zu trennen.

Sie wartete, bis er sie eingeholt hatte.

«Vater, wann werden wir uns wiedersehen?» fragte sie ihn leise.

«Wenn der Sommer kommt, wenn die Rosen blühen», antwortete Franz.

Da geschah etwas Wunderbares.

Ringsum auf den Zweigen der Wacholdersträuche und auf den von Reif bedeckten Hecken blühten unzählige Rosen.

Nachdem Klara sich von ihrem Staunen erholt hatte, ging sie hin, pflückte einen Strauß und legte ihn Franz in die Hände. Dann lief sie weiter.

Franz schaute ihr nach, bis sie hinter einer Wegbiegung verschwunden war.

Sie wußten beide, daß sie für immer im Geist verbunden bleiben würden.

Der Brüder sind so viele geworden, daß nur noch ein Teil von ihnen in der Portiuncula bleiben kann. Beinahe dreihundert sind es.

Über das ganze Land verteilt, wohnen sie in kleinen Gruppen zusammen, oft nur zu zweit oder zu dritt, in Höhlen, Wäldern, am Rande der Dörfer und Städte, in Einsiedeleien.

Viele sind wochen- und monatelang unterwegs.

An Pfingsten kommen sie alle in der Portiuncula zusammen.

Franz hat das hohe Fest zum Kapitelstag bestimmt.

Er ist dem Austausch von Erfahrungen gewidmet. Die Regeln werden besprochen.

Franz erteilt Ratschläge, tröstet oder tadelt. Viele muß er ermahnen, es mit der Buße nicht zu weit zu treiben. Er weiß, wie verschieden seine Brüder alle sind. Er versucht für jeden das rechte Wort zu finden, gegen alle gerecht zu sein.

Franz ist auf der Höhe seiner Kraft. Sechs Jahre sind seit dem Beginn seines neuen Lebens vergangen.

Von seinem Glück erfüllt, möchte er es mit der ganzen Welt teilen.

Er hat auch das Verlangen nach Abenteuern nicht verloren. Im Herbst 1212 entschließt er sich, zum erstenmal Italien zu verlassen, um in Syrien den Sarazenen das Wort Gottes zu verkünden.

Der Plan scheitert.

Das Schiff, das ihn nach Palästina bringen soll, wird von einem Sturm an die slowenische Küste getrieben.

Es bleibt nur die Umkehr.

Einige Schiffer, die nach Ancona fahren, weigern sich, Franz und seinen Gefährten Masseo mitzunehmen. Die

beiden haben kein Geld, um die Überfahrt zu bezahlen.
Sie schiffen sich als blinde Passagiere ein.

Den Winter über wandern Franz und Masseo zusammen
durch die Abruzzen, durch die Marca d'Ancona, durch
die Romagna und die Toscana.
Es gibt kaum noch jemanden, der nicht schon von Franz
gehört hätte. Oft wird er mit Jubel und wie ein König
empfangen.
Er ist berühmt geworden.
Franz ist sich der Gefahren, die ihm daraus erwachsen, be-
wußt. Er stellt sich in Frage, erlegt sich selbst immer neue
Prüfungen auf.
In der Nacht zum Aschermittwoch läßt er sich von einem
Fischer auf eine kleine Insel im Lago di Trasimeno hin-
überrudern. Er bittet den Mann, niemandem seinen Auf-
enthaltsort zu verraten und ihn nach vierzig Tagen wieder
zu holen.
Franz fastet.
Er hat nichts mit sich genommen als zwei kleine Brote.
Als der Fischer ihn am Gründonnerstag wieder abholt,
sieht er, daß Franz nur die Hälfte des einen gegessen hat.
Will er damit Christus die Ehre des vierzigtägigen unge-
brochenen Fastens lassen? Fürchtet er, der Vergleich mit
Jesus könnte ihn eitel machen?

Nach der Pfingstversammlung des Jahres 1214 rüstet sich
Franz zum zweitenmal für eine Reise. Sie führt ihn durch
Spanien nach dem berühmten Pilgerort Santiago di Com-
postela. Sein Ziel ist Marokko.
Aber in Santiago di Compostela erkrankt er. Wieder muß
er seine Reise abbrechen und nach Hause zurückkehren.

Der Mißerfolg der beiden Reisen macht ihm zu schaffen.

Warum hat Gott sie nicht gelingen lassen?

Ist er mit seinen Missionierungsplänen von dem ihm von Gott bestimmten Weg abgewichen?

Franz ist voller Zweifel, zieht sich tagelang in die Einsamkeit zurück.

Bei Klara und Bruder Sylvester holt er sich Rat und Trost.

Er durchwandert Umbrien und die umliegenden Provinzen.

Das ist seine Heimat.

Er liebt sie.

Die Freude kommt zurück.

Jeder Stein, jede Pflanze, jedes Tier ist ihm vertraut. Und dennoch erfüllen sie ihn mit immer neuem Staunen. Sie sind ihm nahe wie Geschwister, offenbaren ihm die Größe und Güte seines Schöpfers.

Die vierzehnte Geschichte

Als Franz mit einigen seiner Brüder von Can-
nara nach Bevagna wanderte, entdeckte er auf
den Bäumen am Weg eine Menge verschie-
dener Vögel. Er verwunderte sich über ihre große
Zahl.
«Ich will ihnen eine Predigt halten», sagte er zu
seinen Gefährten, «wartet hier auf mich.»
Franz ging ins Feld hinaus.
Kaum hatte er angefangen zu sprechen, erhoben
sich die Vögel von den Bäumen und setzten sich in
seine Nähe auf die Erde.
Ohne den geringsten Laut von sich zu geben, hörten sie zu. «Meine Geschwister Vögel», rief Franz,
«Gott hat euch ein buntes Federkleid geschenkt,
Bäume zum Nisten,
den Bach und die Quelle zum Trinken!
Ihr säet nicht, ihr erntet nicht,
und trotzdem braucht ihr euch
um euer tägliches Brot nicht zu sorgen.
Seid dankbar und vergeßt nie,
den Schöpfer zu loben.»

Nach diesen Worten begannen die Vögel ihre Hälse zu recken, die Schnäbel zu öffnen und die Flügel zu spannen.

Franz schlug das Zeichen des Kreuzes über die ganze Vogelschar. Auch er dankte Gott.

Dann erhoben sich die Vögel und flogen in alle vier Windrichtungen auseinander, nach Osten, nach Süden, nach Westen und Norden.

Die Brüder am Weg sahen den Vögeln staunend nach.

Da trat Franz zu ihnen und sagte:

«So soll das Lob Gottes auch durch euch, meine Brüder, in die ganze Welt hinausgetragen werden. Und wie die Vögel sollt auch ihr nichts besitzen und allein auf Gott vertrauen.»

Sechs Jahre sind vergangen, seit Franz mit seinen ersten Gefährten nach Rom gewandert ist und den Papst um die Bestätigung der Regel gebeten hat.

Kardinal Johannes von San Paolo, der sich bei Innozenz für Franz einsetzte, ist ein Gönner und Beschützer des jungen Ordens geblieben.

Nach seinem Tod im Jahr 1215 übernimmt Hugolino, Kardinal von Ostia, dieses freiwillige Amt. Er ist nicht nur von Franzens lauterer Gesinnung, sondern auch von der Notwendigkeit seiner Bewegung überzeugt.

Franz ist ihm für die Hilfe dankbar.

Auf seine Einladung hin nimmt Hugolino an Pfingsten 1216 zum erstenmal an der jährlichen Ordensversammlung teil.

Die Brüder gehen ihm und seinem Gefolge in feierlichem Zug entgegen.

Er hält ihnen eine Predigt und zelebriert die Messe.

Er spricht mit einzelnen Brüdern, besucht sie in ihren aus Lehm und Holz gebauten Hütten und Zellen. Er findet darin weder Truhen, Schränke noch Betten. Als er die einfachen Strohlager zu ebener Erde sieht, ist er zu Tränen gerührt.

«Seht!» sagt er zu seinem Gefolge, «da liegen die Brüder. Wie wird es uns im Himmel ergehen, die wir so viel Überflüssiges haben!»

Im Sommer 1216 stirbt Innozenz.

In Perugia wird von der Kurie – den kirchlichen Würdenträgern Europas – an seine Stelle Honorius der Dritte gewählt.

Jacques de Vitry, ein belgischer Prälat, schreibt aus Italien nach Hause:

«Die Zeit hindurch, in der ich an der Kurie *(in Perugia)* weilte, sah ich vieles, was mir innerlich zuwider war. So sehr war alles mit weltlichen, irdischen Dingen, Händeln um Könige und Reiche, Streitigkeiten und Prozessen beschäftigt, daß diese Dinge es einem kaum möglich machten, von Geistigem zu reden. Etwas aber fand ich in diesem Lande, was einen trösten kann. Viele Menschen nämlich – beiderlei Geschlechts, darunter reiche und weltliche – haben um Christi willen alles verlassen und sich aus der Welt zurückgezogen. Man nennt sie ‹die Minderbrüder›. Vom Papst und den Kardinälen werden sie hoch in Ehren gehalten ...

Sie leben nach der Form der Urkirche, von der es hieß: ‹Die Menge der Gläubigen war ein Herz und eine Seele.› Tagsüber gehen sie in die Städte und Dörfer, um da und dort Leute zu gewinnen, und befleißen sich der Arbeit; nachts kehren sie in die Abgeschiedenheit oder in Einsiedeleien zurück und widmen sich der Beschauung.

Die Frauen *(Orden Klaras)* schließen sich in der Nähe der Städte in verschiedenen Hospizen zusammen; sie nehmen nichts an, sondern leben von ihrer Hände Arbeit.

Die Männer der Gemeinschaft kommen jährlich einmal an einem bestimmten Orte *(Ordensversammlung an Pfingsten in der Portiuncula)* zusammen ... um sich bei gemeinsamem Tisch im Herrn zu freuen ... Danach zerstreuen sie sich wieder, um das Jahr über in der Lombardei, in der Toscana, in Apulien und Sizilien zu wirken. Neulich wollte sogar der Beichtvater des Papstes, ein heiliger, gottesfürchtiger Mann namens Niccolò, die Kurie aufgeben und sich ihnen anschließen, aber er wurde zurückbefohlen, weil ihn der Papst nicht entbehren konnte.»

Die fünfzehnte Geschichte

Eines Tages wanderte Franz mit Bruder Paulus durch die Marca d'Ancona.

Auf einem Felde begegnete ihnen ein Hirte mit einer Herde von Ziegen und Böcken.

Nur ein einziges Lämmlein war unter ihnen.

«Ach!» sagte Franz zu Bruder Paulus, «siehst du das Lämmlein unter den Ziegen und Böcken? So lebte auch Jesus unter den Pharisäern.»

Bruder Paulus lachte über den Vergleich.

Franz blieb ernst.

«Habe Mitleid mit ihm!» bat er. «Laß es uns kaufen und von der unwürdigen Gesellschaft befreien!»

«Kaufen!» sagte Bruder Paulus. «Womit? Wir haben kein einziges Geldstück in der Tasche.»

Da kam ein reisender Kaufmann des Weges.

«Was steht ihr da und schaut so verzweifelt in die Welt hinaus?» fragte er die beiden Bettelbrüder.

Franz antwortete:

«Würdest du einen Sanften, der in eine grobe Gesellschaft geraten ist, von ihr befreien?»

«Sicher würde ich das tun!» sagte der Kaufmann.

Da zeigte Franz auf den Hirten mit seiner Herde.

«So meinst du das», sagte der Kaufmann und wollte davonreiten.

Doch als er in die bittenden Augen der beiden Brüder schaute, konnte er nicht anders. Er stieg vom Pferd, kaufte dem Hirten das Lämmlein ab und schenkte es ihnen.

Mit dem Lämmlein auf dem Arm zogen Franz und Paulus nach der Bischofsstadt Osimo.

Unterwegs hörte Franz nicht auf, Gott für seine Hilfe zu danken.

Den versammelten Menschen in Osimo aber hielt er eine eindrucksvolle Predigt über Christus, das Lamm Gottes.

In der gleichen Gegend traf Franz einmal einen Mann, der an einem Stock zwei geknebelte Lämmlein auf den Schultern trug.

Das ängstliche Blöken und Wimmern der beiden Tiere rührte ihn.

«Warum plagst du sie so, knebelst sie und hängst sie auf?» fragte er den Mann.

«Ich bringe sie auf den Markt. Ich brauche Geld.»

«Und was wird nachher aus ihnen?»

«Was wohl? Der Käufer wird sie schlachten und essen.»

«Nein», sagte Franz, «das darf nicht geschehen!»

«Wenn du dafür bezahlst, gebe ich sie dir gern»,

sagte der Mann. Ich wäre froh, die schwere Bürde loszuwerden.»

Franz überlegte.

Er hatte kein Geld in der Tasche. Aber er trug eine neue Kutte aus gutem Stoff. Sie würde dem Mann zehnmal so viel einbringen wie die Lämmlein.

«Nimm meinen Mantel», sagte Franz, «und gib mir die Lämmlein dafür.»

Der Mann schaute Franz mißtrauisch an.

Wollte er ihn mit diesem Angebot verspotten?

«Es ist mir ernst», sagte Franz und zog seine Kutte aus. «Binde die Lämmlein los!»

Die befreiten Tiere blieben einen Augenblick wie betäubt liegen. Dann erhoben sie sich und schmiegten sich an Franzens Beine.

«Meine Schäfchen», sagte Franz und streichelte sie, «ich kann euch leider nicht mitnehmen, aber ich mache euch dem Mann zum Geschenk. Er wird gut für euch sorgen, wenn ich ihn darum bitte.»

Er nahm die Lämmlein und legte sie dem Mann auf die Arme.

«Hast du gehört, was ich gesagt habe? Bitte, sei gut zu ihnen!»

Der Mann nickte. Vor Staunen und Verwunderung brachte er kein Wort heraus.

«Gott wird es dir vergelten», sagte Franz und verabschiedete sich.

Noch immer stumm, starrte der Mann dem Bruder nach, der nur mit Hemd und Unterhose bekleidet fröhlich seines Weges ging.

Er schüttelte den Kopf.

War er einem Narren oder einem Heiligen begegnet?

Das Pfingstkapitel 1217 stellt Franz vor viele Probleme.

Die Zahl der Brüder hat sich im vergangenen Jahr wieder um ein beträchtliches vermehrt. Bald werden es fünftausend sein.

Franz freut sich über die große Schar.

Wehmütig denkt er aber auch an die Hütte in Rivotorto, an das erste Jahr in der Portiuncula zurück.

Nun kennt er nur noch einen kleinen Teil der Brüder bei ihrem Namen.

Sie lagern sich um die Kirche und Hütten, zwischen Oliven- und Feigenbäumen. Leute aus der Umgebung, Bauern und Kaufleute, bringen ihnen Brot, Käse, Bohnen, Wein und Früchte, dazu Tischtücher, Schüsseln und Gläser.

Zelte aus Weidengeflecht und Strohmatten schützen sie gegen die Hitze. Als Lager genügt ihnen ein wenig trockenes Laub, als Kissen ein geschliffener Stein oder ein Stück Holz.

Sie sitzen in kleineren und größeren Gruppen zusammen. Weder eitles Geschwätz noch lautes Lachen sind zu hören. Sie beten oder erzählen sich, was sie im vergangenen Jahr erlebt haben.

Einige sind aus Deutschland, Ungarn und Spanien zurückgekommen. Sie haben bei den Bewohnern dieser Länder wenig Verständnis gefunden. Die fremde Sprache hat die Leute mißtrauisch gemacht. Die Minderbrüder sind der Ketzerei verdächtigt und deswegen verfolgt und mißhandelt worden.

Franz sieht ein, daß Missionsreisen in Zukunft vorbereitet werden müssen.

Er überläßt die Organisation den dafür geeigneten Brüdern.

Einer davon ist Elias.

Er ist eine Führernatur, tatkräftig und vernünftig. Disziplin und Ordnung sind ihm wichtig.

Die Länder, in denen die Brüder missionieren, werden in Provinzen eingeteilt. Jede erhält einen Provinzialminister.

Elias selbst übernimmt die Leitung der Mission in Syrien.

Franz wählt Frankreich.

Er kennt seine Sprache und seine Lieder.

Der Gedanke an die Reise erfüllt ihn mit Freude und Erwartung.

Es wird wie in früheren Tagen sein.

«Geht immer zu zweien», sagte er den Brüdern, die ihn begleiten, «seid demütig, schweigt bis zur dritten Stunde. Vermeidet unnütze Worte! Benehmt euch, als wäret ihr in einer Einsiedelei oder in einer Zelle! Denn wo wir auch sind, haben wir die Zelle bei uns. Der Bruder Leib ist unsere Zelle. Die Seele aber ist der Einsiedler, der darin lebt, um nachzudenken und Zwiesprache mit Gott zu halten.»

Unterwegs trifft Franz in Florenz Kardinal Hugolino, seinen Beschützer.

Er hat gegen Franzens Reise Bedenken.

«Bruder», sagt er, «ich möchte nicht, daß du über die Alpen ziehst. Wenn du außer Landes bist, wird es mir schwer fallen, mich beim neuen Papst für dich einzusetzen. Du hast in Rom nicht nur Freunde, sondern auch Feinde.»

«Aber», versucht sich Franz zu wehren, «wie kann ich von meinen Brüdern verlangen, in fremde Länder zu ziehen, sich Gefahren auszusetzen, und selber zu Hause bleiben!»

«Es hat dir niemand befohlen, deine Brüder so weit wegzuschicken», entgegnet Hugolino.

Franz ereifert sich:

«Herr, glaubt Ihr denn, Gott habe die Brüder nur für dieses Land bestimmt? Gott hat sie zur geistigen Erneuerung aller Menschen auserwählt. Und sie werden nicht nur in christlichen Ländern, sondern auch anderswo Seelen gewinnen.»

Doch der Kardinal gibt nicht nach.

Franz fügt sich.

Enttäuscht kehrt er nach der Portiuncula zurück.

An seiner Stelle zieht Pacifico, der Dichter unter seinen Brüdern, nach Frankreich.

Franz versucht seine Enttäuschung zu überwinden.

Wird Gott nie aufhören, seine Demut und seinen Gehorsam zu prüfen?

Er ist ihm dankbar dafür.

Die sechzehnte Geschichte

Als der neue Papst Honorius der Dritte hörte, daß Franz von Assisi nicht nur den Menschen, sondern auch den Vögeln und Fischen predige, wurde er neugierig und verlangte ihn zu sehen und sprechen zu hören.

Kardinal Hugolino von Ostia, der wußte, daß Franz unter Prälaten in Rom viele Feinde hatte, bangte vor dieser Begegnung. Er fürchtete, Franz würde sich selbst und damit auch ihn, seinen Gönner, mit seiner volkstümlichen Art zu reden lächerlich machen.

Darum ließ er Franz zu sich kommen und setzte ihm den Text zu einer gelehrten und gut durchdachten Predigt auf.

Aber als Franz am folgenden Morgen vor dem Papst und den unzähligen in Samt und Purpur gekleideten Kardinälen stand, hatte er die auswendig gelernte Predigt vergessen.

Eingeschüchtert von den vielen auf ihn gerichteten Blicken, stand er hilflos und verlegen da. In seiner Verzweiflung schlug er sein Brevier auf, und seine

Augen fielen auf den sechzehnten Vers des drei-
undvierzigsten Psalms: «Den ganzen Tag bedeckt
die Scham mein Antlitz.» – Da verlor er seine
Angst und redete, nicht mit gelehrten Worten,
sondern in der Sprache des Volkes, vom Hochmut
kirchlicher Würdenträger und von der von ihrem
schlechten Beispiel bedrohten Kirche. Franz kam
über seine Predigt in solchen Eifer, daß er nicht
mehr ruhig stehen konnte und anfing auf- und
niederzuhüpfen. Aber seine Rede war so vom Feuer göttlicher Liebe erfüllt, daß niemand zu spotten
oder zu lachen wagte.

Kardinal Hugolino, der wie auf Nadeln gesessen
hatte, atmete erleichtert auf. Der Papst aber wurde nachdenklich. Er spürte plötzlich etwas von je-
ner Macht, die nicht von Zepter und Krone, sondern allein von einem reinen Herzen kommt.

Franz ist nun siebenunddreißig Jahre alt.

Sein Verlangen, in die Welt hinauszuziehen, wird jeden Tag größer.

Das Mißlingen seiner ersten Missionsreisen beschäftigt ihn noch immer.

Beinahe eifersüchtig lauscht er den Berichten der Brüder, die aus fernen Ländern zurückkommen.

Er beneidet sie um das, was sie um ihres Glaubens willen erduldet haben. Die Erzählungen ihrer ausgestandenen Qualen erregen ihn.

Besonders die Geistlichkeit begegnet den Minderbrüdern vielenorts noch mit Verachtung und Mißtrauen.

Noch immer ist ihre Regel vom Papst nicht schriftlich bestätigt.

Auf Wunsch Hugolinos stellt ihnen Honorius nun einen Paß aus. Er soll sie in fremden Ländern vor weiterer Verfolgung bewahren.

«Unsere teuren Söhne, Bruder Franziskus und seine Gefährten vom Orden der Minoriten *(anderer Name für Minderbrüder)*, haben auf alles Vergängliche verzichtet. Sie führen ein Leben, das verdient, von der Kirche bestätigt zu werden. So bitten und ermahnen wir euch alle, die Brüder als gute Katholiken aufzunehmen und sie freundlich zu behandeln. Gegeben am 11. Juni 1219.»

Im gleichen Jahr wirbt der Papst um Kreuzfahrer nach dem Orient. Mit einer großen Gruppe von Brüdern schließt sich Franz einem der Züge an.

Hugolino, der Franz vor zwei Jahren nicht nach Frankreich ziehen ließ, unterstützt seinen Plan.

Am 24. Juni verläßt das Schiff Ancona.

Franz muß einen Teil der Brüder zurücklassen. Der Kapitän weigert sich, alle mitzunehmen. Das Schiff ist von Kreuzfahrern, abenteuerlustigen Rittern und Adligen überfüllt.

In Acre schifft sich Franz mit seinen Gefährten aus. Sie trennen sich und teilen sich in kleine Gruppen auf.

Die Kreuzfahrer wenden sich nach Ägypten. Franz folgt ihnen in Begleitung einiger Brüder.

Franz ist empört über die Zuchtlosigkeit und Mordlust der Männer.

Sie versuchen, Damiette im Nildelta zu erobern.

Franz warnt sie, rät von der geplanten Schlacht ab.

Er wird ausgelacht und verspottet.

Am 29. August müssen die Kreuzfahrer bei einem Angriff der Sarazenen eine Niederlage einstecken.

Franz predigt nicht nur den Kreuzfahrern, sondern begibt sich ohne Furcht auch in das Lager des Feindes.

Die Sarazenen haben für seine Bekehrungsversuche wenig Gehör.

Am 5. November kommt es in Damiette zu einer zweiten Schlacht. Die Christen tragen diesmal den Sieg davon. Sie lassen eine völlig zerstörte Stadt zurück, Tausende von Leichen und Verstümmelten. Die Gefangenen werden als Sklaven verkauft.

Franz ist erschüttert.

Zum erstenmal erlebt er den Schrecken eines Krieges, eines im Namen Gottes geführten Krieges.

Er hat sich mit dem Sultan, dem Herrscher über die Feinde, befreundet.

Es ist ihm unmöglich, sich des Sieges zu freuen.

Er fährt nach Palästina.

Nach dem Grauen von Damiette folgt er nun den Spuren Jesu.

An den vielen Städten des geliebten Meisters findet Franz langsam wieder zur inneren Ruhe und Freude zurück.

Im Jahr 1220 wird das große Pfingstkapitel der Minderbrüder in der Portiuncula zum erstenmal ohne Franz abgehalten.

Niemand weiß genau, wo er sich aufhält.

Noch nie wäre seine Anwesenheit nötiger gewesen als jetzt.

Ein Gerücht über seinen Tod erfüllt viele mit Angst und Trauer.

Die siebzehnte Geschichte

Auf seiner Missionsreise im Orient wurden Franz und seine Brüder von Soldaten des Sultans Melek el Khamil gefangengenommen. Sie wurden zuerst gefoltert und dann gefesselt vor den Sultan geführt.

Der Sultan wunderte sich über den kleinen, mageren Mann, der sich ohne Schild und Schwert, nur mit einer Stoffkutte bekleidet, in das Land des Feindes gewagt hatte.

«Wer bist du?» fragte er ihn.

Da erzählte ihm Franz so voller Begeisterung von seinem Glauben, daß der Sultan eine große Verehrung für ihn empfand.

Er ließ ihn von den Ketten befreien und wollte ihm als Zeichen der Achtung und Zuneigung ein kostbares Schmuckstück schenken.

Franz lehnte das Geschenk ab.

Melek el Khamil erlaubte ihm und seinen Gefährten, in seinem ganzen Reich frei zu predigen. Sie erhielten ein Abzeichen, das sie vor jeder Verfolgung schützte.

Franz aber bat er, ihn öfter zu besuchen.

Franz sah bald ein, daß die Menschen so sehr mit ihrem islamischen Glauben verbunden waren, daß es keinen Sinn hatte, sie zu etwas anderem bekehren zu wollen.

Er beschloß, mit seinen Brüdern wieder ins Gebiet der Christen zurückzukehren.

Vor seiner Abreise ging er noch einmal zum Sultan, um ihm zu danken und Abschied von ihm zu nehmen.

«Bruder Franz», sagte der Sultan, «du hast mich überzeugt. Ich würde mich gerne der christlichen Lehre zuwenden, aber ich bin für mein Volk verantwortlich. Meine Leute würden mich töten, wenn sie merkten, daß ich ihrem Glauben untreu geworden wäre. Doch sage mir, wie ich trotzdem gerettet werden kann.»

Da sagte Franz:

«Ich werde jetzt heimkehren. Aber eines Tages, wenn es Zeit ist, werde ich dir zwei Brüder senden. Von ihnen sollst du dich taufen lassen.»

Nach Franzens Abreise ließ der Sultan an allen Häfen seines Reiches Kundschafter aufstellen.

Sie hatten den Auftrag, die ankommenden Schiffe zu kontrollieren und nach zwei Männern in Kutten Ausschau zu halten.

Ihr Suchen war jahrelang erfolglos.

Als die beiden angekündigten Brüder endlich erschienen, war der Sultan alt und auf den Tod krank.

Die Kundschafter führten sie vor den Sultan.

Sie erzählten ihm, daß Franz gestorben, ihnen aber im Traum erschienen sei und ihnen befohlen habe, sich ohne Zögern zu ihm aufzumachen.

«Nun weiß ich», sagte der Sultan, «daß der Herr mir seine Diener sendet, wie es Franz mir vor vielen Jahren versprochen hat.»

Er empfing von den beiden Brüdern die Taufe und starb bald darauf erlöst und in Frieden.

Vor seiner Abreise hat Franz zwei Vertreter bestimmt und das Geschick des Ordens vertrauensvoll in ihre Hände gelegt. Es sind die Brüder Matthäus von Narni und Gregor von Neapel.

Matthäus soll in der Portiuncula bleiben und über die Aufnahme neuer Brüder in den Orden entscheiden, Gregor durch Italien wandern, um die in den verschiedenen Provinzen missionierenden Brüder zu stärken und zu trösten.

Kaum aber ist Franz fort, rufen die beiden Vikare einige ihrer gleichgesinnten Brüder zusammen. Es sind gelehrte und angesehene Männer. Ihrer Meinung nach hat sich das Gelübde der Armut und Besitzlosigkeit überlebt. Sie beschließen, es zu mildern. Die Fastenregeln werden umgestaltet. Der Orden braucht in Zukunft eine straffere Führung.

Die Neuerungen versetzen einen großen Teil der Brüder in Aufregung und Verwirrung. Uneinigkeit und Unsicherheit breiten sich unter ihnen aus.

Und wo bleibt Franz?

Stephan, einer seiner treusten Gefährten, ist empört.

Ohne Bewilligung seiner Obern schifft er sich in Ancona ein, um Franz zu suchen.

Er findet ihn in Syrien.

Stephan bittet Franz für sein unerlaubtes Kommen um Verzeihung.

«Ich konnte nicht anders», sagt er.

Was Franz von ihm zu hören bekommt, ist schwer zu fassen.

So schnell wie möglich kehrt er nach Italien zurück.

Nach seiner Ankunft in Venedig ruft er auf den Michaelstag – am 29. September 1220 – ein Generalkapitel in der Portiuncula zusammen.

Die Kunde von seiner Rückkehr verbreitet sich wie ein Lauffeuer, gibt den Verzweifelten unter den Brüdern Hoffnung.

Viele hatten Franz tot geglaubt.

Von Venedig wendet sich Franz nach Bologna.

Er ist von der Reise und von allem, was ihn bewegt, müde und erschöpft.

Bruder Leo begleitet ihn.

In Bologna trifft Franz mit Hugolino zusammen.

Warum hat der Kardinal sich nicht für ihn gewehrt? Warum hat er die Reformer nicht zurechtgewiesen?

Franz fühlt sich verraten.

Hugolino weicht seinen vielen Fragen aus. Er versucht Franz zu überzeugen, daß er nur das Beste für den Orden im Sinn hat.

Mit seinen fünftausend Brüdern ist der Orden zu einer Macht geworden. Er muß organisiert werden. Er braucht den Schutz der Kirche. Für diesen Schutz aber verlangt sie unbedingten Gehorsam.

Franz spürt, wie ihm etwas aus den Händen gleitet.

Es fällt ihm schwer, die Ansichten seines Beschützers zu teilen. Er anerkennt seine guten Absichten, seine Klugheit.

Ach, wie verschieden sich die beiden Männer im Grunde ihres Wesens sind!

Franz beugt sich. Er bittet den Papst persönlich, Kardinal Hugolino nicht nur als freiwilligen, sondern als offiziellen Berater des Ordens zu bestimmen.

Honorius willigt ein.

Nun folgt eine Besprechung der andern.

Die Brüder Matthäus und Gregor beharren auf ihren Reformen.

Hugolino versucht, Franz entgegenzukommen.

Er erhält die Erlaubnis, eine neue Ordensregel auszuarbeiten.

Der Kardinal wird ihm dabei helfen.

Franz läßt willenlos alles mit sich geschehen, nickt zu den Ratschlägen.

Er ist verstört, innerlich hin- und hergerissen.

Was wird von dem übrigbleiben, was er vor zwölf Jahren begonnen hat, was klar und für alle gültig war?

Auf der von ihm einberufenen Versammlung am Michaelstag übergibt er die Leitung des Ordens einem andern. Es ist Bruder Pietro di Cattaneo, ein Doktor der Rechte.

Franz kniet vor ihm nieder, verspricht ihm Ehrerbietung und Gehorsam.

Dann wendet er sich an seine Brüder.

«Von jetzt an bin ich tot für euch!»

Vielen laufen bei diesen Worten die Tränen über die Wangen.

«Ohne dich werden wir uns wie Waisen fühlen», sagen sie.

«Herr», bittet Franz, «beschütze meine Kinder, die du mir bis heute anvertraut hast und die du kennst. Du weißt, warum ich nicht mehr für sie sorgen kann. Ich übergebe sie Bruder Pietro di Cattaneo. Er wird einst vor dir Rechenschaft ablegen müssen, wenn einer der Brüder durch harte Behandlung oder schlechtes Beispiel verlorenginge.»

Die achtzehne Geschichte

Als Franz von einer Wanderung wieder einmal nach der Portiuncula zurückkehrte, traf er vor der Kirche Bruder Jakob, der einen mit vielen Geschwüren bedeckten Aussätzigen spazierenführte.

Jakob galt bei seinen Brüdern als einfältig. Aber er wußte so geschickt und liebevoll mit Kranken umzugehen, daß Franz ihn schon vor Jahren mit ihrer Pflege betraut hatte.

Als Franz nun den Aussätzigen sah, erinnerte er sich seines früheren Ekels und sagte zu Jakob:

«Es wäre besser, du würdest in der Nähe des Spitals bleiben. Es gehört sich nicht, einen Aussätzigen in der Öffentlichkeit herumzuführen und ihre entstellten Gesichter und Glieder zur Schau zu stellen.»

Jakob nahm den Tadel schweigend entgegen.

Für ihn waren auch die Aussätzigen Brüder in Christus, und er schämte sich nicht, mit ihnen wie mit Gesunden zu gehen.

Als Franz in seine erstaunten Augen blickte, taten

ihm seine Worte sofort leid. Er hatte damit nicht nur seinen Bruder, sondern auch den Aussätzigen verletzt.

Er bereute seine Worte so sehr, daß er sich an Pietro di Cattaneo, den neuen Ordensleiter, wandte, seine Schuld beichtete und um eine Bestrafung bat.

Pietro war in der Gegenwart von Franz aber so verlegen und von solcher Scheu, daß er sagte:

«Bruder, tu, was du für richtig hältst.»

Franz überlegte einen Augenblick.

Dann sagte er:

«Meine Buße wird darin bestehen, daß ich mit dem Aussätzigen, den ich mit meinen Worten gekränkt habe, aus einer Schüssel esse.»

Und so geschah es auch.

Im Frühling 1221, ein halbes Jahr nach seiner Wahl zum Leiter des Ordens, stirbt Pietro di Cattaneo.

An seine Stelle tritt Bruder Elias.

Franz will einer unter vielen sein.

Er wehrt sich gegen die Verehrung, die ihm die alten Gefährten und auch die ganz jungen Brüder entgegenbringen. Jede Vorzugsbehandlung lehnt er ab.

Wie früher zieht er wieder durch die Dörfer und Städte Umbriens.

Ein Tier, das sich an ihn schmiegt, eine Blume, die sich öffnet, das Licht der Sonne über den Olivenhainen, das Netz einer Spinne, ein reifes Ährenfeld helfen ihm, Schwermut und Trauer zu überwinden.

In der Natur findet er die einstige Fröhlichkeit wieder.

Noch immer predigt er den Menschen Buße, erzählt von der heiligen Armut, aber mehr und mehr von der Versöhnung.

Er hat die Greuel des Krieges nicht vergessen.

Dazwischen arbeitet er an der neuen Regel.

Sie wird von den Provinzialobern begutachtet. Sie ist zu streng ausgefallen, entspricht nicht den Erwartungen der eifrigen Reformer.

Kardinal Hugolino versucht zwischen den radikalen Meinungen des Ordensgründers und den vernünftigen Vorschlägen der neuen Obern zu vermitteln.

Es werden Kompromisse geschlossen.

Im Herbst 1223 reist Franz mit der ausgearbeiteten Regel nach Rom.

Sie wird von Papst Honorius offiziell und schriftlich bestätigt.

Die Herren in Rom sind zufrieden. Franz ist keine Gefahr mehr für die Kirche. Mit der neuen Regel sind die Brüder in der Portiuncula, die Minoriten, ein Mönchsorden unter vielen andern.

Wie in den übrigen Orden werden alle, die ihm beitreten wollen, ein Probejahr absolvieren müssen. Auch die für Franz wichtige Bestimmung, daß die Brüder nichts besitzen dürfen, ist gestrichen worden.

Sieht Franz die Notwendigkeit der neuen Bestimmungen ein?

Viele seiner alten Gefährten sind unglücklich, sehnen sich nach den früheren Zeiten zurück.

Unter ihnen ist auch Leo, Franzens Lieblingsbruder.

«Wie sollen wir es mit der neuen Regel halten?» fragt er ihn.

Franz antwortet ihm in einem Brief:

«Bruder Leo, Dein Bruder Franz wünscht Dir Heil und Frieden! Ja, so ist es, mein Sohn: und wie die Mutter sage ich Dir, und alles, was wir unterwegs besprochen haben, fasse ich in diesem einen Wort und Rat zusammen, und wenn Du späterhin wegen eines Rates zu mir kommen müßtest, so bleibt dies mein Rat:

Jede Weise, wie Du unserm göttlichen Herrn am besten zu dienen, seinen Fußstapfen und seiner Armut am besten zu folgen glaubst: danach handle mit dem Segen Gottes des Herrn und im Gehorsam zu mir! Und wenn Du es für Deine Seele oder sonstwie für Deinen Trost nötig hast, und Du hegst den Wunsch, zu mir zu kommen, Leo, so komm!»

Die neunzehnte Geschichte

Einmal besuchte Franz die Brüder in Rieti, um mit ihnen Weihnachten zu feiern. Auch einer der Provinzobern hatte sich für das Fest angemeldet. Die Mönche freuten sich über den hohen Gast und beschlossen, ihn festlich zu empfangen. Sie deckten den Tisch mit weißen Tüchern, schönen Schüsseln und Gläsern.

Als Franz aus seiner Zelle kam und den reich geschmückten Tisch sah, wurde er nachdenklich.

Er beschloß, den Brüdern eine Lehre zu erteilen.

Er schlich heimlich hinaus und suchte nach dem Stock und dem Hut eines Bettlers.

Da Franz den Brüdern Weisung gegeben hatte, mit den Mahlzeiten nie auf ihn zu warten, setzten sie sich mit dem Obern an den Tisch und fingen an zu essen.

Plötzlich klopfte es an die Tür.

Ein Bruder, den Franz in seinen Plan eingeweiht hatte, öffnete ihm. Den Hut tief über die Stirn gezogen, den Bettelstab in der Hand, schritt Franz über die Schwelle und sagte wie ein armer Pilger:

«Aus Liebe zum Hergott, gebt mir ein Almosen!»
Aber die Brüder erkannten ihn.

Der Provinzobere sagte:

«Bruder, auch wir sind arm! Da wir viele sind, brauchen wir die Almosen. Aber komm herein! Um des Herrn willen, in dessen Namen du gebeten hast, wollen wir sie mit dir teilen.»

Der Provinzobere reichte Franz seine eigene Schüssel und gab ihm ein Stück Brot dazu.

Franz nahm beides an.

Doch er setzte sich damit nicht an den Tisch, sondern vor das Feuer auf den Boden.

Dann sprach er wie zu sich selbst:

«Ach, dieser fein zubereitete Tisch ist sicher nicht der Tisch meiner Brüder, die täglich um Almosen betteln und für andere ein Beispiel der Armut Christi sein sollten. Dazu sind wir berufen. Das haben wir vor Gott und den Menschen gelobt!»

Beschämt hörten die Brüder seinen Worten zu.

Und wie sie Franz so demütig und wie ein Kind auf der Erde sitzen sahen, fingen viele von ihnen an zu weinen.

«Nie mehr», sagten sie, «soll unser Tisch so gedeckt sein, daß sich ein Armer auf die Erde setzen muß, weil er sich schämt und nicht als Gleichberechtigter fühlt.»

Franz zieht sich mehr und mehr in sich selbst zurück, sondert sich ab, sucht die Einsamkeit.

Beinahe wie ein Fremder schaut er zu, wie der Orden sich entwickelt.

Einige der Brüder wirken als Berater kirchlicher Würdenträger, von Bischöfen und Kardinälen. Berühmte Gelehrte, die dem Orden beitreten, verschaffen ihm Ruhm und Ansehen.

Ruhm und Ansehen!

Franz versucht sich zu freuen.

Es gelingt ihm nicht.

Oft liegt er ganze Nächte wach.

Wie vor zwanzig Jahren quälen ihn wieder viele Fragen.

Aber es sind nicht mehr dieselben.

Hat er seine Aufgabe erfüllt?

Er zweifelt.

Oft finden ihn die Brüder am Morgen erschöpft, am ganzen Leib zitternd.

Sind es Dämonen, die ihn heimgesucht haben?

«Gott schickt sie mir, um mich zu läutern», sagt er.

Franz fühlt sich krank und elend.

Seit der Rückkehr von seiner Missionsreise nach Ägypten machen ihm Magen und Leber zu schaffen. Ein schweres Augenleiden plagt ihn.

An Pfingsten 1224 nimmt Franz zum letztenmal an der großen Versammlung in der Portiuncula teil. Den Ordensministern wird die neue Regel verteilt. Die Mission in England wird beschlossen.

Franz hört den Verhandlungen aufmerksam zu, äußert sich nur selten.

Im Sommer zieht es ihn nach dem Monte Alverna.

Der Berg liegt in der Toscana. Ein Edelmann, Orlando dei

Cattani, hat ihn den Brüdern als Ort des Friedens und der Besinnung zur Verfügung gestellt.

In der Stille hofft Franz, Ruhe zu finden.

Anfangs August bricht er auf. Leo, Masseo und Angelo begleiten ihn.

Orlando dei Cattani ist glücklich, daß der von ihm verehrte Franz auf seinem Besitz Zuflucht sucht.

Er reitet ihm entgegen, heißt ihn willkommen.

Der obere Teil des Berges ist unwirtlich mit dichtem Unterholz bewachsen.

Fünfzig Diener Orlandos schlagen einen schmalen Pfad durch das Dickicht.

Auf einer kleinen Ebene unterhalb des Gipfels errichten sie eine Hütte, die Behausung für Leo, Masseo und Angelo.

Einen Steinwurf davon entfernt, im Schatten einer alten Buche, entsteht die kleine Zelle für Franz.

Leo wird ihm jeden Tag etwas Brot und Wasser bringen.

Franz möchte keine Besuche empfangen, niemanden sehen.

Er sammelt sich.

Nur noch Gott will er nahe sein.

Die zwanzigste Geschichte

Auf dem langen Weg von der Portiuncula nach dem Monte di Alverna fühlte sich Franz oft so geschwächt, daß er nicht mehr zu Fuß weitergehen konnte. Am Fuße des Berges ging Masseo zu einem Bauern und bat ihn, Bruder Franz seinen Esel zu leihen.

«Ist dieser Bruder Franz von Assisi, von dem man so viel Gutes hört?» fragte der Bauer.

Masseo nickte.

Da schirrte der Mann mit Liebe und Sorgfalt seinen Esel und führte ihn zu Franz. Ehrfürchtig half er ihm, in den Sattel zu steigen.

«Bist du wirklich Franz von Assisi?» fragte er, als sie eine Weile gegangen waren.

«Ja, der bin ich!»

«Dann gib dir aber Mühe, daß du wirklich auch so gut bist, wie die ganze Welt es von dir glaubt», sagte der Mann. «Viele haben großes Vertrauen zu dir!»

Leo, Masseo und Angelo empörten sich über die Worte des Mannes.

«Was fällt denn diesem Lümmel ein!» sagten sie.

Franz aber stieg vom Esel hinunter, kniete vor dem Bauern nieder, küßte ihm die Füße und dankte ihm für die liebevolle Mahnung.

Erschrocken richtete der Bauer Franz von der Erde auf und hob ihn wieder in den Sattel.

Als sie die halbe Höhe des Berges erreicht hatten, fing der Bauer plötzlich laut an zu klagen.

«Ich vergehe vor Durst», seufzte er. «Wenn ich nichts zu trinken bekomme, verschmachte ich.»

Wieder stieg Franz vom Esel, kniete nieder und verharrte lange in stummem Gebet.

Plötzlich aber zeigte er mit dem Finger auf einen nahen Felsen.

«Geh!» sagte er zu dem Bauern, «dort wirst du frisches Wasser finden!»

Ungläubig lief der Mann zu der Stelle, die Franz ihm gewiesen hatte.

Und wirklich, unter dem Felsen sprudelte eine Quelle mit frischem Wasser hervor.

Er legte sich nieder und trank davon.

Sogleich war seine Müdigkeit verflogen und sein Durst gestillt.

Sie setzten den Aufstieg fort.

Schweigend ging der Bauer neben dem Esel her.

Er war überzeugt davon, daß er ein Wunder erlebt hatte.

Stundenlang sitzt Franz vor seiner Zelle, versunken in den Anblick des Berges, der kreisenden Falken über dem Gipfel, der zerrissenen Felsen.

Er sieht das Licht und die Schatten kommen und gehen.

Manchmal fühlt er einen Engel neben sich stehen.

Er stärkt ihn. Die inneren Spannungen lösen sich.

Viele Fragen brauchen keine Antwort mehr.

Er weiß auch, daß sein Orden weiterleben wird.

«Sei nicht traurig», sagte eine Stimme zu ihm, «auch wenn du siehst, daß viele Brüder versagen, so wird es doch viele geben, die dir und deiner Regel die Treue halten.»

Vierzig Tage vor dem Fest des heiligen Michael bittet Franz seine Gefährten, ihm eine zweite Zelle zu bauen.

Sie soll noch einsamer liegen.

«Nur du, Bruder Leo», sagt er, «wirst mir täglich ein wenig Brot und Wasser bringen. Aber sei leise! Rufe mich nicht, wenn du mich ins Gebet versunken siehst!»

Franz spürt, daß er bald sterben wird.

Der Gedanke an die Ewigkeit erfüllt ihn mit Freude.

Aber auch die Dämonen quälen ihn wieder, führen ihn an den Rand eines ungeheuren Abgrunds.

Er überwindet sie.

Bruder Leo findet ihn immer häufiger wie von dieser Erde entrückt, von einem seltsamen Licht umstrahlt. Oft bekommt er auf die Frage nach seinem Ergehen keine Antwort mehr.

Am Fest der Kreuzerhöhung, am 14. September, erscheint Christus Franz in Gestalt eines gekreuzigten Engels mit Flügeln.

Franz ist bereit, das Leiden Christi am Kreuz auf sich zu nehmen und den Tod zu empfangen.

Die einundzwanzigste Geschichte

Eines Nachts, kurz vor dem Fest der Kreuz-erhöhung, machte sich Bruder Leo wie gewohnt auf den Weg zu Franz, um ihm Brot und Wasser zu bringen und mit ihm das Morgengebet zu sprechen.

Als er zu der schmalen Brücke über dem Abgrund kam, der die einsam gelegene Zelle Franzens von der seiner drei Gefährten trennte, rief Leo, wie er es mit Franz verabredet hatte:

«Herr, tu meine Lippen auf!»

Er bekam keine Antwort.

Obwohl Franz ihm geboten hatte, in diesem Fall umzukehren und ihn nicht zu stören, schritt Leo über die Brücke, besorgt, es sei Franz etwas zugestoßen.

Aber als er in die Nähe der Zelle kam, entdeckte er ihn im Licht des Mondes auf den Knien liegen und hörte ihn immer wieder fragen:

«Wer bist du, gütigster Gott, und wer bin ich, dein kleiner Knecht?»

Dann sah er eine Flamme vom Himmel hernieder-

schweben und über dem Kopf von Franz stehen-
bleiben.

Und er hörte auch, daß von der Flamme eine
Stimme ausging, die Franz auf seine Frage eine
Antwort zu geben schien.

Von Scheu und Ehrfurcht erfüllt, zog sich Leo
lautlos zurück und wollte umkehren.

Aber plötzlich blieb er stehen.

«Wer du auch seist, ich befehle dir im Namen Jesu
Christi, stehen zu bleiben und dich nicht von der
Stelle zu bewegen», hörte er jemanden sagen.

Es war Franz, der vom Rascheln von Leos Füßen
im Gestrüpp aus seiner Versenkung aufgeschreckt
war.

Bruder Leo sagte:

«Ich bin es, Vater.»

Als Franz ihn erkannte, sagte er:

«Ach, Bruder Lämmlein, habe ich dir nicht oft gesagt, daß du mich nicht ausforschen sollst! Sag
mir, was hast du gesehen?»

Da erzählte Leo, was er gehört und beobachtet
hatte.

Voller Angst, den geliebten Franz mit seiner Neu-
gier verletzt zu haben, warf er sich ihm vor die
Füße und bat um Verzeihung.

Franz aber sagte zu ihm:

«Die Flamme, die du gesehen hast, war Gott, der
mich um drei Gaben bat: um die Gabe des kostba-

ren Gehorsams, um die Gabe der erhabenen Armut und um die Gabe der strahlenden Keuschheit.»

Und dann lächelte er und sagte:

«Bruder Lämmlein, nun kehre mit dem Segen Gottes in deine Zelle zu deinen Gefährten zurück, aber hüte dich, mir weiter nachzuforschen.»

Nach Michaelis, am 30. September, nimmt Franz von seiner kleinen Zelle Abschied, Abschied von den Bäumen, den Blumen und den Tieren. Er dankt ihnen für die Liebe, die sie ihm erwiesen haben.

Orlando dei Cattani stellt ihm ein Saumtier zur Verfügung.

Am Fuß des Berges steigt Franz noch einmal ab und kniet nieder.

«Du Berg Gottes», sagt er, «der Herr segne dich, der Friede sei mit dir!»

Wehmut erfüllt ihn.

Er bittet die anwesenden Brüder, den Berg und besonders den Ort, auf dem seine Zelle steht, heilig zu halten.

«Hieher», sagt er zu Masseo, «sollten die Oberen die besten meiner Brüder senden. Sage es ihnen! Das ist mein Wunsch.»

Masseo und Angelo bleiben zurück.

Unter Tränen nehmen sie von Franz Abschied.

Nach kurzen Aufenthalten in Monte Casale und Città di Castello kehrt Franz mit Leo nach der Portiuncula zurück.

Die Brüder pflegen ihn.

Kaum aber hat er sich vom strengen Fasten erholt, zieht es ihn wieder hinaus.

Doch die Kräfte reichen nicht mehr weit.

Bruder Elias begleitet ihn.

Auf einem Esel reitet Franz durch die kleinen Dörfer der Umgebung, spricht mit den Bauern, schaut den Spielen der Kinder zu, lacht mit ihnen.

Sein Augenleiden verschlimmert sich.

Er fürchtet, blind zu werden.

Der Gedanke, keinen Sonnenaufgang, keinen Vogel, keine

Quelle, keinen Baum, kein Ährenfeld mehr zu sehen, macht ihn traurig.

Kardinal Hugolino, der mit dem Papst in Rieti weilt, sorgt sich um seinen Schützling.

Unter dem Hofstaat des Papstes, den Bischöfen, Kardinälen und unzähligen Dienern, sind auch Ärzte.

Hugolino will Franz von ihnen untersuchen lassen.

Franz weigert sich.

Den Sommer des Jahres 1225 verbringt Franz in San Damiano, in der Nähe Klaras.

Auf seinen Wunsch läßt sie ihm in ihrem Gärtchen eine Hütte aus Schilf errichten.

Sie umsorgt ihn, versucht seine Schmerzen zu lindern.

Während sieben Wochen verträgt Franz weder das Licht der Sonne noch das Licht des Feuers.

Er leidet.

Trotzdem ist er glücklich in Klaras Obhut.

Hier in San Damiano hat er seinen Weg begonnen.

Jeder Stein, jeder Baum weckt in ihm Erinnerungen an glückliche Tage.

Seine Augen schmerzen, aber seine Seele wird mit jedem Tag freier.

Freude und Dankbarkeit erfüllen ihn.

Daraus entsteht ein Lied,

ein Lied in der Sprache seiner umbrischen Heimat,

sein Lied,

der Sonnengesang.

Der Sonnengesang

Höchster, allmächtiger, guter Herr,
Dein ist das Lob,
der Ruhm und die Ehre
und jeglicher Dank!
Dir allein, Höchster,
gebühren sie,
und kein Mensch ist würdig,
Dich zu nennen.

Gelobt seist Du, mein Herr,
mit allen Deinen Geschöpfen,
vor allem mit der Schwester Sonne,
der edlen Herrin,
die uns den Tag und das Licht schenkt.
Schön ist sie und strahlend in großem Glanze,
Dein Gleichnis ist sie, Höchster!

Gelobt seist Du, mein Herr,
durch Bruder Mond und die Sterne.
Am Himmel formtest Du sie,
leuchtend und schön!

Gelobt seist Du, mein Herr,
durch Bruder Wind
und die Luft und die Wolken
und jegliches Wetter.
Durch sie gibst Du
Deinen Geschöpfen Gedeihen.

Gelobt seist Du, mein Herr,
durch Schwester Quelle.
Wie nützlich ist sie,
wie demütig, köstlich und rein!

Gelobt seist Du, mein Herr,
durch Bruder Feuer,
durch den Du die Nacht uns erleuchtest.
Wie schön ist es,
wie fröhlich und stark und gewaltig!

Gelobt seist Du, mein Herr,
durch unsere Schwester,
die Mutter Erde,
die uns erhält und ernährt,
vielerlei Früchte trägt
und bunte Blumen und Kräuter.

Gelobt seist Du, mein Herr,
durch alle, die aus Liebe zu Dir vergeben
und Schwachheit und Kummer geduldig ertragen.
Selig, die harren in Frieden.
Du, Höchster, wirst sie einst krönen.

Gelobt seist Du, mein Herr,
durch unsern Bruder, den leiblichen Tod.
Ihm kann kein Mensch entrinnen.
Wehe denen, die in Sünde sterben!
Selig, die er in Deinem heiligsten Willen findet,
denn der zweite Tod kann ihnen kein Leides tun.

Lobet und preist meinen Herrn!
Danket und dienet ihm
in großer Demut!

Hugolino läßt Franz keine Ruhe mehr, beschwört ihn, endlich den Arzt aufzusuchen.

«Warum willst du dir nicht helfen lassen, du, der du zu deinen Mitmenschen so barmherzig warst?» fragt er.

Franz gibt nach.

Im Herbst verläßt er San Damiano, nimmt zärtlich Abschied von Klara.

Ein Pferdegespann bringt ihn nach Fonte Colombo bei Rieti.

Der geringste Lichtstrahl schmerzt ihn. Sein Gesicht ist von einer großen Kapuze bedeckt. Die Augen sind mit einem feinen, von Klaras Schwestern gewobenen Linnen verbunden.

Der Arzt entschließt sich zu einer Operation.

Franz fürchtet sich davor.

Der Arzt wird ihm von den Schläfen bis zu den Augenbrauen die Nerven ausbrennen.

«Mein Bruder Feuer», fleht er, «du bist edel, und ich habe dich immer geliebt um dessentwillen, der dich geschaffen hat. Und nun bitte ich unsern Schöpfer, er möge deine Hitze kühlen, daß ich's ertragen kann.»

Der Anblick des glühenden Eisens flößt den bei ihm weilenden Brüdern Angst und Entsetzen ein.

Sie verlassen den Raum, warten vor der Türe auf Schmerzensschreie.

Sie warten vergeblich.

«Ach, ihr Kleinmütigen und Kleingläubigen!» sagt Franz nachher zu ihnen.

Er lächelt.

«Warum seid ihr fortgelaufen? Ich sage euch, und es ist die Wahrheit, ich habe weder die Hitze des Feuers noch Schmerzen verspürt.»

Der Arzt bestätigt es ihnen.

«Noch nie habe ich das erlebt», sagt er, «Bruder Franz hat sich nicht bewegt und nicht den leisesten Laut von sich gegeben.»

Der Eingriff hilft nichts.

Ein zweiter Arzt rät, die beiden Ohrläppchen mit einer Nadelspitze zu durchbohren.

Aber auch diese Operation bringt Franz keine Besserung.

«Ich habe getan, was Hugolino wollte. Nun laßt mich in Ruhe!» bittet er.

Das Weihnachtsfest 1225 verbringt Franz in Poggio Buscone.

Es ist sein letztes.

Von weither kommen Menschen, um ihn zu sehen, zu berühren, zu hören.

Die Verehrung des Volkes für Bruder Franz wächst von Tag zu Tag.

Franz wehrt ihnen:

«Ihr kommt hieher und glaubt einen Heiligen vorzufinden. Was werdet ihr von mir denken, wenn ich euch sage, daß ich während der Adventszeit nicht gefastet habe, daß ich eine mit Fell gefütterte Kutte trage und mich von meinen Brüdern verwöhnen lasse!»

Franz weiß, daß ihm nur noch wenig Zeit bleibt.

Im Winter besucht er seine Brüder in den Einsiedeleien und den kleinen Klöstern in der Umgebung von Siena.

Er möchte sie noch einmal an all das erinnern, was ihm heilig war.

«Ich sage dir», sagt er zu einem von ihnen, «es war mein erster und ist mein letzter Wille, daß kein Bruder mehr besitzen darf als ein Gewand mit Gürtel und Beinkleid, wie es unsere Regel gestattet.»

Franz hat schmerzfreie Tage, fühlt sich besser.
Aber im Frühling erleidet er einen schweren Blutsturz.
Seine Gefährten glauben, das Ende sei gekommen.
Ein Bote wird nach Elias, dem Ordensleiter, geschickt.
Bei seiner Ankunft hat sich Franz wieder ein wenig er-
holt.
Doch er hat nur noch einen Wunsch: nach Hause, nach
Umbrien, nach Assisi.

Die zweiundzwanzigste Geschichte

Als Franz schon sehr krank und dem Tode nahe war, entstand zwischen dem Bischof und dem Bürgermeister von Assisi ein großer Streit. Er führte so weit, daß der Bischof den Bürgermeister exkommunizierte, während der Bürgermeister in der Stadt verkünden ließ, niemand dürfe dem Bischof etwas abkaufen oder verkaufen.

Franz, der von dem Streit hörte, wurde traurig.

«Ist es nicht eine Schande», sagte er zu seinen Brüdern, «daß sich die beiden so hassen und daß sich niemand um Friedensvermittlung bemüht!»

Er selbst fühlte sich krank und zu schwach dazu.

Aber er rief einen seiner Gefährten und beauftragte ihn, den Bürgermeister in seinem Namen zu bitten, zusammen mit den Räten vor den Bischofspalast zu kommen.

Und den Bischof bat er, sie zu empfangen.

Wie nun die Stadträte vor der bischöflichen Wohnung versammelt waren, schickte Franz zwei seiner Brüder zu den wartenden Männern.

Der eine von ihnen sagte:

«Franz hat in seiner Krankheit ein Loblied auf die Herrlichkeit Gottes in seinen Geschöpfen verfaßt. Er bittet euch, es anzuhören.»

Darauf fingen sie an, das Lied zu singen.

Der Bürgermeister, der zu Franz ein großes Vertrauen besaß und ihn verehrte, hörte mit gefalteten Händen zu. Die Umstehenden sahen, wie plötzlich Tränen über seine Wangen liefen.

Als die letzte Strophe verklungen war, rief er, daß alle es hören konnten:

«Ich erkläre euch in aller Form, daß ich den Herrn Bischof um Verzeihung bitte.»

Und an den Bischof gewendet, sagte er:

«Ich bin bereit, Euch Genugtuung zu leisten, aus Liebe zu Jesus Christus und zu unserem Franz.»

Auch der Bischof hatte dem Lied ergriffen zugehört.

Er nahm die Hand des Bürgermeisters und sagte:

«Mein Amt verlangt Demut, aber wie du weißt, neige ich von Natur aus zum Zorn, und ich bitte dich, Nachsicht mit mir zu haben.»

Darauf umarmten sich die beiden.

Alle die dabeistanden, klatschten Beifall.

Die Brüder verwunderten sich.

Am glücklichsten aber war Franz, daß es seinem Lied gelungen war, Frieden zu stiften.

Die Ankunft von Franz von Assisi wird als großes Ereignis gefeiert.

Tausende säumen den Rand der Straße.

Wie ein König wird er erwartet.

Viele fallen vor seinem vorüberziehenden Wagen in die Knie. Sie hoffen auf Erlösung von ihren körperlichen und seelischen Leiden.

Schon wird ein Faden seiner Kutte, ein Riemen seiner Sandalen, ein Stück eines Gürtels, ein Stein, den er berührte, als kostbarer Schatz gehütet.

Franz weiß nichts davon.

Er wird in den bischöflichen Palast gebracht.

Aus Angst, jemand könnte den Sterbenden forttragen, wird der Palast Tag und Nacht bewacht.

Wie eine Reliquie wird er behütet.

Schweigend fügt sich Franz den Anordnungen, die für ihn getroffen werden.

Nur wenige werden zu ihm eingelassen.

Leo, Angelo, Rufino und Masseo pflegen ihn.

Ihre Nähe macht ihn glücklich.

Die meiste Zeit ist Franz still in sich versunken, nur noch Gott zugewandt.

Das einzige, worüber er sich immer noch Sorgen macht, ist das Fortbestehen des Ordens.

Seit Bruder Elias ihn leitet, hat sich vieles verändert.

Steinerne Klöster sind entstanden. Die jungen Brüder kennen die Armut, wie Franz sie lebte, nur noch aus den Erzählungen der älteren.

Franz läßt Elias gewähren.

Er gibt sich selbst die Schuld.

Wenn ihn die Gedanken und Schmerzen quälen, läßt er sich sein Lied vorsingen, den Sonnengesang.

Von Tag zu Tag spürt er seine Kräfte schwinden.

«Willkommen, Bruder Tod», hören ihn die Brüder flüstern.

Aber Franz möchte nicht in einem Palast, sondern in einer einfachen Zelle sterben.

Er bittet, ihn auf einer Bahre nach der Portiuncula zu tragen.

Auf halbem Weg läßt er haltmachen.

Er wendet sich seinem Assisi zu.

«Herr», sagte er leise, «laß diese Stadt immer eine Heimat für Menschen sein, die dich erkennen und deinen herrlichen Namen preisen.»

In seiner Zelle kommt ein großer Friede über ihn.

Hier will er sein Leben beenden.

Die dreiundzwanzigste Geschichte

Als Franz in der Portiuncula lag und wußte, daß er bald sterben würde, erinnerte er sich an die edle Frau Jacoba di Settesoli aus Rom. Sie war eine vornehme und reiche Witwe. Er hatte sie vor vielen Jahren in Rom kennengelernt und ihr als Zeichen der Verbundenheit ein Lämmlein geschenkt. Sie verehrte seine Ideale und war eine große Gönnerin des Ordens geworden.

Franz bat seine Brüder, die Dame von seiner Krankheit zu benachrichtigen.

«Sie wird es als Zeichen der Aufmerksamkeit und Tröstung empfinden, wenn sie weiß, wie es um mich steht», sagte er. «Und bittet sie, mir ein aschfarbenes Tuch und ein wenig von der Süßigkeit aus Mandeln und Zucker zu senden, die sie so gut zuzubereiten versteht.»

Aber als der Bote sich mit dem Brief auf den Weg machen wollte, klopfte es an die Klosterpforte.

Davor stand Frau Jacoba in Begleitung ihres Sohnes und ihrer Dienerschaft.

Die Brüder waren verwirrt.

«Sollen wir sie hereinlassen?» fragten sie Franz.

Es war Frauen verboten, die Schwelle des Klosters zu übertreten.

«Für Frau Jacoba gilt diese Vorschrift nicht», sagte er.

Als sie an sein Lager trat und ihn so elend daliegen sah, fing sie an zu weinen.

Franz versuchte sie zu trösten.

Da packte sie die Geschenke aus, die sie mitgebracht hatte: ein Stück aschfarbenes Tuch, Süßigkeiten aus Mandeln und Zucker, Weihrauch und Kerzen.

Franz lächelte.

Die Brüder staunten noch mehr.

Es war, als hätte Frau Jacoba den Brief schon bekommen.

«Meine Brüder», sagte sie, «während ich betete, hörte ich im Geist eine Stimme: ‹Mache dich auf zu deinem Vater Franz. Geh schnell! Wenn du dich nicht beeilst, wirst du ihn nicht mehr am Leben finden.› Auch die Geschenke sind mir eingegeben worden.»

Von der Süßigkeit aß Franz nur ein winziges Stückchen. Aus dem aschfarbenen Tuch aber nähten die Brüder einige Tage später die Kutte, in der er begraben wurde.

In der Nacht vom 1. auf den 2. Oktober 1226, von einem Donnerstag zum Freitag, wird Franz so von Schmerzen geplagt, daß er keinen Schlaf findet.

Am Morgen versammelt er alle Brüder, die sich in der Portiuncula befinden, um sein Lager.

Er läßt sich Brote bringen und sie in kleine Stücke brechen. Jedem reicht er eines davon.

Wie Jesus am Abend vor seinem Tod mit seinen Jüngern das Abendmahl feierte, so will er es auch mit den Brüdern tun.

Nachher nimmt er Abschied von ihnen.

Ganz besonders wendet er sich an Bruder Bernardo.

«Bruder Bernardo ist der erste Gefährte, den mir der Herr gegeben hat. Er hat damals all seine Habe unter die Armen verteilt, und wegen noch vieler anderer Gnadengaben muß ich ihn mehr lieben als irgendeinen Bruder des ganzen Ordens. Darum ist es mein Wille, daß der jeweilige Generalobere ihn liebe und ehre wie mich selbst, und alle Brüder sollen ihn wie meinen Vertreter betrachten.»

Am 3. Oktober hat Franz keine Schmerzen mehr.

Zum letztenmal singen ihm Leo und Angelo sein Lied.

Franz fügt ihm die letzte Strophe bei.

«Gelobt seist Du, mein Herr,
durch unsern Bruder, den leiblichen Tod.
Ihm kann kein Mensch entrinnen.
Wehe denen, die in Sünde sterben!
Selig, die er in Deinem heiligsten Willen findet,
denn der zweite Tod kann ihnen kein Leides tun.»

Auf dem Dach des Hauses, in dem Franz liegt, sammelt sich nach der Vesper eine Schar Haubenlerchen.
Franz lauscht ihrem Gesang.
Es ist ein Lobpreis Gottes.
Bei Einbruch der Dunkelheit haucht er sein Leben aus.

Am 4. Oktober wird die Leiche in einer feierlichen Prozession nach der Kirche San Giorgio in Assisi getragen.
Ein Umweg führt den langen Zug über San Damiano.
Klara erholt sich von einer schweren Krankheit. Sie hatte nicht die Kraft, den Sterbenden zu besuchen.
Nun grüßt sie ihn zum letztenmal.
Der Brief, den Franz ihr kurz vor seinem Tode geschrieben hat, ist für sie und ihre Schwestern wie ein Vermächtnis.

«Ich, der kleine Bruder Franz, will das Leben und die Armut unseres höchsten Herrn Jesus Christus und seiner heiligsten Mutter befolgen und darin verharren bis zum Ende. Euch, meine verehrten Frauen, bitte ich und gebe euch den Rat, ihr möget stets in diesem heiligen Leben und in dieser Armut bleiben. Und gebet wohl acht, daß ihr um keines Menschen Belehrung oder Beratung willen euch je im geringsten davon abdrängen lasset.»

Das Testament

«Der Herr verlieh mir, Bruder Franz, den Anfang des neuen Weges auf folgende Weise: Als ich in Sünden lebte, kam es mir sehr bitter an, Aussätzige zu sehen. Aber der Herr selbst führte mich unter sie, und ich erwies ihnen Barmherzigkeit. Als ich von ihnen ging, ward mir dasjenige, was mir vorher bitter vorgekommen war, in Süßigkeit verwandelt.»

«Alle Theologen, und die an uns den Dienst des heiligen Wortes Gottes versehen, sollen wir ehren und hochachten; denn sie spenden uns den Geist und das Leben.»

«Als dann der Herr mir Brüder gab, war niemand, der mir zeigte, was ich tun solle, sondern der Allerhöchste selbst offenbarte mir, daß ich nach der Form des heiligen Evangeliums leben solle. Ich ließ es in wenigen, einfachen Worten niederschreiben, und der Papst bestätigte es mir. Die dann kamen, um unser Leben mit uns zu teilen, gaben alles, was sie besaßen, den Armen. Sie waren zufrieden mit einem Habit, der außen und innen geflickt war, sowie mit einem Strick und Beinkleidern; und mehr wollten wir nicht haben.»

«Ich arbeitete mit meinen Händen und will es heute noch, und ich verlange entschieden, daß alle andern Brüder Handarbeiten verrichten, wie es sich ziemt. Die es nicht können, sollen es lernen, nicht um aus der Arbeit Gewinn zu ziehen, sondern um des guten Beispiels willen und um den Müßigang zu vertreiben. Wenn aber der Lohn für die Arbeit ausbliebe, so laßt uns zur Tafel Gottes unsere Zuflucht nehmen, indem wir uns an den Türen Almosen erbitten.»

«Einen Gruß hat mir der Herr geoffenbart. Wir sollten sagen: ‹Der Herr gebe dir den Frieden!›
Die Brüder sollen darauf achten, daß sie die Kirchen, die ärmlichen Wohnungen und alles andere, was man für sie einrichtet, überhaupt nicht annehmen, es sei denn alles der heiligen Armut entsprechend, die wir in unserer Regel versprochen haben. Denn wir sollen darin stets nur Herberge wie Fremdlinge und Pilger haben.»

«Die Brüder sollen nicht sagen: ‹Das ist eine andere Regel.› Denn es ist eine Erinnerung, eine Mahnung, ein Zuspruch und mein Testament ...»

«Im Namen des Gehorsams befehle ich mit Nachdruck meinen Brüdern, sowohl Priestern wie Laien, daß sie weder der Regel noch diesen Worten eine Auslegung beifügen, etwa indem sie sagen: ‹Das ist so und so zu verstehen›, sondern wie der Herr mir verliehen hat, die Regel und diese Worte einfach und lauteren Herzens zu diktieren und zu schreiben, so sollt ihr sie auch einfach und lauter ohne Glosse verstehen und in heiligem Tun bis ans Ende verfolgen.

Jeder, der dies befolgt, möge im Himmel mit dem Segen des höchsten Vaters und auf Erden mit dem Segen seines geliebten Sohnes erfüllt werden, zugleich mit dem heiligsten Tröstergeist und allen Kräften des Himmels und mit allen Heiligen.

Ich, euer kleiner Bruder Franz, euer Knecht, bestätige euch innerlich und äußerlich, soviel ich kann, diesen allerheiligsten Segen. Amen.»

Am 16. Juli 1228, zwei Jahre nach seinem Tod, wird Franz von Assisi von Papst Gregor dem Neunten, dem Nachfolger Honorius' des Dritten, heilig gesprochen.

Gregor ist der ehemalige, jetzt zum Papst erwählte Kardinal Hugolino.

Am 17. Juli legt er auch den Grundstein für die mächtige, unter der Leitung Bruder Elias' entstehende Basilika.

Inhaltsverzeichnis der Geschichten

Die neue, große Kinderbibel –
bunt illustriert und kindgemäß gestaltet

416 Seiten, durchgehend
farbig illustriert,
gebunden.
ISBN 3-451-20591-2

Elmar Gruber erzählt 365 Geschichten aus dem Alten und
Neuen Testament nach: in zeit- und kindgemäßer Sprache.
Die Geschichten sind bunt und lebendig illustriert und eig-
nen sich gleichermaßen zum Vorlesen wie zum Selberlesen.
Den Kindern wird mit dieser neuen Kinderbibel das We-
sentliche des Glaubens vermittelt und der untrennbare Zu-
sammenhang von Glauben und Leben dargestellt. Ein
wunderbares Erzähl-, Vorlese- und Geschenkbuch für die
ganze Familie.

Verlag Herder Freiburg · Basel · Wien